A TRAGÉDIA BRASILEIRA

SÉRGIO SANT'ANNA

A tragédia brasileira
Romance-teatro

2ª edição revista pelo autor

Copyright © 2005 by Sérgio Sant'Anna

1ª edição 1987, Editora Guanabara

Capa
João Baptista da Costa Aguiar

Foto de capa
Henk Nieman

Preparação
Maria Cecília Caropreso

Revisão
Otacílio Nunes
Carmen S. da Costa

Os personagens e as situações desta obra são reais
apenas no universo da ficção; não se referem a pessoas
e fatos concretos, e sobre eles não emitem opinião.

Dados Internacionais de Catalogação na Publicação (CIP)
(Câmara Brasileira do Livro, SP, Brasil)

Sant'Anna, Sérgio.
   A tragédia brasileira : romance-teatro / Sérgio Sant'Anna. —
São Paulo : Companhia das Letras, 2005.

   ISBN 85-359-0686-X

   1. Peças de teatro 2. Teatro brasileiro I. Título.

05-5586   CDD-869.92

Índices para catálogo sistemático:
1. Peças teatrais : Literatura brasileira 869.92
2. Teatro : Literatura brasileira 869.92

[2005]
Todos os direitos desta edição reservados à
EDITORA SCHWARCZ LTDA.
Rua Bandeira Paulista 702 cj. 32
04532-002 — São Paulo — SP
Telefone (11) 3707-3500
Fax (11) 3707-3501
www.companhiadasletras.com.br

Esta é a história de um espetáculo imaginário. Um espetáculo que poderia se passar, por exemplo, no interior do cérebro de alguém que fechasse os olhos para fabricar imagens e delas desfrutar, diante de uma tela ou palco interiores, como num sonho, só que não de todo inconscientemente ordenado.

Sumário

Abertura, 9

I. O PRIMEIRO ATO, 15
Cena 1, O atropelamento, 19
Cena 2, Delegacia, 22
Cena 3, Reconstituição e velório ("Desespero agradável"), 28
Cena 4, O quarteto de Alexandria, 36
Cena 5, O quarteto de Alexandria II, 40
Cena 6, O quarteto de Alexandria III, 41
Cena 7, Paixão e morte de Roberto e Jacira, 45
Cena 8, Romaria, beatificação da Virgem, 49

II. O SEGUNDO ATO, 53
Cena 1, No camarim, 55
Cena 2, Metamorfoses, 60
Cena 3, Metamorfoses II, 63
Cena 4, Monólogo visual de Roberto, 67
Cena 5, Sala de aula e entrevista com o Autor-Diretor, 69
Cena 6, Carta de despedida de Roberto, 75

III. AGRURAS DE UM AUTOR-DIRETOR, 77

1. A Torre de Marfim, 79
2. No restaurante chinês, 89
3. A Fêmea Misteriosa, 97

IV. O TERCEIRO ATO, 105

Cena 1, Rubricas, 107
Cena 2, O Espantalho e Maria Altamira, 120
Cena 3, O Astrônomo e seu Ajudante, 123
Cena 4, Sonho de Maria Altamira, 125
Cena 5, O Astrônomo e seu Ajudante II, 128
Cena 6, Rodovia Belém—Brasília, 131
Cena 7, O atropelamento II, 133
Cena 8, Rubricas II, 136

Epílogo, 141

Abertura

Com seu instrumento de trabalho (a pá), o Coveiro — e Autor-Diretor do Espetáculo — faz soar no chão as três pancadas de praxe que anunciam o início deste espetáculo. E será esse mesmo Coveiro quem, lentamente, descerrará as cortinas.

Clareia então tênue, quase imperceptivelmente, como um primeiro rastro luminoso na mais densa treva, Caos que antecede ao Verbo. Essa luz, ainda tão esmaecida, nos dá a impressão de que gera a si mesma, como num fogo-fátuo. Adaptando-se, porém, os olhares à escuridão, perceber-se-á que tal luminosidade é emitida por uma pedra branca, retangular, a arrastar-se lentamente, ainda na horizontal. Depois, aos poucos, ela começa a erguer-se dentro de um ritmo, até colocar-se em posição vertical. Mais tarde, quando a claridade for suficiente, se poderá ler, gravada naquela lápide, a inscrição:

AO ANJINHO JACIRA, A NOSSA SAUDADE ETERNA

1950-1962

A claridade, então, será como o primeiro indício da madrugada surpreendido apenas pelos olhos treinados e atentos de um pastor. E uma sensação de frio se irradiará, desse Centro, para o espaço integral do Espetáculo. Permanecendo, no entanto, temperado o ambiente, tal sensação advém principalmente do isolamento de certas características em geral associadas ao frio, como a solidão, o vácuo, o mármore de uma lápide, uma réstia de luz a trespassar uma profundidade negra.

E a esse momento, o da primeira réstia de claridade — fresta que lenta e progressivamente se expande na noite —, se fará seguir o soar grave da nota SOL, que pingará a partir daí, com pausas bem marcadas, por umas doze vezes, de um piano invisível, numa associação da luz e do calor ao som e à palavra (*sol*), mas que poucos poderão assimilar no plano da consciência. Mas esses poucos nos bastam e o importante é a sílaba contundente, que pinga, a reger os primeiros e lerdos movimentos dentro do nosso espaço com suas inúmeras bifurcações e que, muito aos poucos, se poderá captar a que território pertence: ao de um palco imaginário, elástico, com seus múltiplos círculos, labirintos, a nos remeter além — às vezes com a velocidade do sonho —, para outros espaços, aberturas...

Ao soar, a cada uma dessas doze vezes, da nota *sol* — como um sinal perceptível do tempo, o tempo zero, a "meia-noite" — também doze movimentos espaçados, presumivelmente humanos, mas como os de um boneco mecânico, serão vistos cada vez mais nitidamente, à medida que aumentam a intensidade da luz e também a sensação de calor por todo o ambiente, embora um calor também apenas pressentido e cuja origem se deve muito mais não à própria luz (de um pálido agudo e artificial), mas ao signo emitido pelo som grave da nota *sol*, cavernoso, protetor, bojudo, como um sonar em profundezas marinhas.

Jacira surgirá à tona primeiramente através do rosto, coberto por um véu tão negro que, a princípio, quase se confundirá, aos olhos de todos, com a escuridão. Porém quando se erguer ela até a altura do tronco e, por causa de seus movimentos, deixar cair o véu, sua face agora visível para a platéia, mais do que uma inacreditável beleza irradiará luminosidade. E antes do espraiar-se desse ainda pequeno facho de luz, proveniente do rosto de Jacira, os olhares mais atentos já terão percebido, no canto oposto desse espaço (o palco?), o vulto do Poeta, que, a julgar por um movimento e ranger ritmados, está sentado numa cadeira de balanço, como signo perceptível de um tempo que se estratificou. E nesse balançar-se de um vulto que se move mas não se desloca para lugar algum, há também o *vem e vai*, para cima e para baixo, de um pequeno ponto luminoso, de brilho crescente mas quase opaco, num tom entre o branco neon e o azul de uma chama de acetileno.

E quando todo o espaço estiver mais visível, através dessa claridade que aparentemente emana do objeto inicial, a lápide, e dos próprios personagens, perceberemos que o que se encontra atado à cabeça do Poeta, o ponto luminoso, cada vez mais intenso, é uma dessas lanternas de foco dirigido utilizadas pelos trabalhadores de fundo de mina, numa metáfora um tanto ou quanto óbvia, mas não importa: a de que o Poeta é aquele que em primeiro lugar decifra, mergulha, (n)aquilo que ainda se encontra invisível para seus semelhantes.

Jacira acha-se agora de pé, ao lado de sua tumba e, semi-hipnotizados, estaremos diante de uma jovem vestida com uma túnica negra que deixa à mostra o tronco e os seios, de uma pequenez, brancura e firmeza tão resplandecentes que talvez tenha sido a partir daí — mas quem o sabe? — que o território do Poeta e seu foco luminoso se terão tornado visíveis: sua silhueta magra, da qual se poderia dizer doentia ou ascética; a cadeira de balanço, mas dentro de um ambiente deslocado, esse que a circunda e que não faz lembrar nenhum aposento de uma casa, e antes parece pertencer a esse espaço aberto na noite onde se movimenta tão lentamente Jacira, não mais ao ritmo do pingar da nota *sol*, que já silenciou. Um espaço que, pelas cruzes que agora fornecem um contraste à luminosidade, já sabemos referir-se a um cemitério, circundado por paredes e janelas de casas como se fossem ruínas. E o foco de luz à cabeça do Poeta se dirige, então, sem nenhuma dúvida, diretamente para Jacira, que também se volta em sua direção, oferecendo o perfil para quem se encontra diante da cena.

No entrechoque, então, dessas duas luminosidades, não se poderá dizer qual estará dando a luz à outra e deduzir-se-á, pois, que são antes os dois necessários pólos de atração de um Sistema, em torno dos quais gravitarão os elementos secundários da composição do Espetáculo. E haverá sempre uma indagação sem resposta pairando sobre o espaço cênico: dá a luz o Poeta à sua obra, sua Musa, Jacira (o poema), ou seria o contrário: a Musa, ao fazer-se presente, ainda que enquanto Espectro, é quem desenharia um contorno nítido para o Poeta, antes mera sombra, partículas não integradas no meio da noite negra, o Caos a preceder imediatamente o Verbo?

Aproxima-se a Virgem de Roberto e, toda crispada, deixa que ele a abrace e a beije entre os seios.

Tal contato faz com que se ilumine magicamente o restante do espaço cênico, o cenário, e também com que se realimentem as energias do Poeta e da Virgem.

Afastam-se eles para se ocultar em suas respectivas *casas* e dá-se início ao cerimonial (de mortos?) que é este espetáculo: *A tragédia brasileira.*

A TRAGÉDIA BRASILEIRA

I
O PRIMEIRO ATO

Rua de bairro, a casa de Roberto, poeta mórbido e românico, à antiga, de aproximadamente vinte e cinco anos que mora sozinho com a mãe, viúva de um militar e que, para sustentar a si e ao filho (que por ser doente dos nervos não trabalha), costura para fora.

Na casa em frente mora Jacira, menina de doze anos, por quem o Poeta nutre uma paixão distante e doentia.

Ao lado da casa de Roberto, um terreno baldio.

No fundo do espaço cênico, um território obscuro e misterioso, com cruzes, lápides etc.

Cena 1

O atropelamento

Fim de tarde, cantar de cigarras, grupo de crianças pré-adolescentes soltando bolhas de sabão, no meio de outros jogos infantis como a amarelinha, brincadeiras de roda ou com bonecas, onde se revela, veladamente, uma sensualidade infantil, dentro, porém, de um silêncio (de mortos?).

Aproxima-se o crepúsculo e as crianças vão se dispersando para dar lugar à Jacira, vestidinho curto, que surge do portão de sua casa para pular corda, solitariamente, na rua.

Através da janela entreaberta do quarto de Roberto entrevê-se, então, o vulto do Poeta, *voyeur* oculto, a observar a menina, enquanto se começa a escutar, como se entoada por um coro longínquo de crianças, a canção: "*Nesta rua, nesta rua tem um bosque. Que se chama, que se chama solidão. Dentro dele, dentro dele mora um anjo. Que roubou, que roubou meu coração*".

E é assim que a luminosidade a trespassar o interior do espaço cênico parecerá provir, agora, do quarto de Roberto, dos sentidos do Poeta. E seremos acometidos pela sensação de que a única perspectiva para se ver e ouvir o que se passa em cena é aquela dos olhos e ouvidos de Roberto, enquanto sentimos, com ele, um leve aroma de jasmim. Mais ainda do que isso, nos assaltará a sensação de "sermos Roberto"; de que o nosso coração, acelerado na taquicardia, é o coração dele, Roberto, enquanto ouvimos com ele os pezinhos de Jacira a pularem na calçada e depois no asfalto; enquanto escutamos, ainda, o som sibilante de uma corda a cortar o vento e a chicotear a rápidos intervalos o solo. E "sermos Roberto" é principalmente colar nossos olhos à fresta da janela para ver Jacira, o vestido esvoaçante mostrando as coxas branquíssimas, e ouvir, ao longe, como se entoada dentro de um subterrâneo escondido ou, talvez, dentro dos porões mais fundos de nós mesmos, nossa memória, a canção: *"Nesta rua, tem um bosque. Que se chama, que se chama solidão...".*

Um cão uiva, uma única vez, e a lua surge imediatamente na abóbada do Palco; uma lua pálida, com todo o seu traçado de crateras e que lança de chofre uma claridade fantasmagórica, de gás neon, tornando visível o terreno baldio, coberto de mato de plástico e onde se percebe o rosto de um Negro. Tanto ele como Roberto, de seus respectivos pontos, observam fascinados a figura da menina a atravessar a fronteira da infância para a adolescência, tornando-se os gestos dela, progressiva e veladamente, mais lânguidos e sensuais, enquanto as pontinhas incipientes dos seios parecem querer furar, arfantes, o vestido.

Como signo dessa transformação — e também numa antecipação alucinatória da tragédia — uma gota vermelha se espraia pelo vestidinho de Jacira.

Escuta-se, abafadamente, o soar de uma percussão, no ritmo dos corações acelerados de Roberto e do Negro.

Começa-se a ouvir, ainda distante, o ronco do motor de um carro.

Percebendo nesse momento o olhar de Roberto, Jacira estaca paralisada (e fascinada), apertando a corda contra o corpo.

Faz-se ouvir, cada vez mais próximo, o ruído do motor; depois o soar, por duas ou três vezes, de uma buzina e o piscar de faróis.

Ergue-se o Negro no terreno baldio, com movimentos que tanto traduzem o desejo de trazer Jacira para si, como de afastá-la, presumivelmente por causa do perigo representado pelo carro. A menina assusta-se, mas não consegue fugir, hipnotizada, como num desses sonhos em que se quer correr mas as pernas não obedecem.

A luz, presumivelmente do farol, atinge uma súbita intensidade. Ranger de freios, uma dissonância sonora, o atropelamento, uma exclamação no quarto de Roberto: — Jacira!!!

Como se emitidos pelo rádio do carro, acordes da *Ave-Maria*, a significarem tanto as seis horas da tarde, o crepúsculo, como a agonia da Virgem.

Tais acordes alcançam uma súbita intensidade e rapidamente silenciam.

Na abóbada do espaço cênico surgiu uma estrela de grande magnitude.

Cena 2

Delegacia

Motorista, seu Advogado, o Delegado e o Escrivão. Na parede, fotos oficiais de presidentes do Brasil, desde Dutra até João Goulart. O Motorista usa blusão de couro, luvas, óculos escuros etc., tipo playboy da época (62).

Motorista (sentado num banco, olhando desoladamente as próprias mãos): — ... nem um só gesto! Ela nem mesmo pôs as mãos à frente, como eles sempre fazem.

Delegado: — Por quê? Já atropelou mais alguém?

Advogado (rapidamente): — No cinema, foi o que ele quis dizer. Aquele gesto instintivo dos atropelados, que a gente sempre vê no cinema e na televisão. A cara de terror e espanto. E depois um grito agudo. (*Olhando com firmeza para o Motorista.*) Não é isso?

Motorista (recompondo-se): — Sim, claro.

Delegado: — Não podia dar um golpe de direção?

Motorista: — A rua era meio estreita. E foi logo depois da curva. Eram seis e pouco da tarde. (*Sonhador.*) O crepúsculo... A visão da gente se confunde. No rádio estava tocando a Ave-

Maria... Ah, e as cigarras. Quando parei, deu para ouvir o finzinho do canto das cigarras.

Delegado: — Atenha-se aos fatos, por favor. Foi logo depois da curva, e aí?

Motorista (encenando os gestos, quase orgulhosamente, como se estivesse ao volante): — Tirei o pé do acelerador, engrenei uma reduzida e buzinei forte. Pensei que a menina fosse sair fora. Mas ela continuou parada, com a corda na mão, olhando em frente. Parecia hipnotizada.

Delegado: — O senhor usava o farol alto?

Motorista: — Sim, mas com o pisca-pisca. E ainda não estava completamente escuro.

Delegado: — Mas a menina parecia hipnotizada.

Advogado: — Assim o senhor confunde o meu cliente.

Motorista (inseguro, trocando olhares com o Advogado): — A garota olhava fixamente para alguma coisa do outro lado da rua. Talvez na casa em frente. *(Com mais ênfase.)* Ou no terreno baldio, quem sabe.

Advogado: — Ah, o negro.

Delegado: — A tal história do preto. O senhor viu alguém no terreno baldio?

Motorista: — Não, não vi. Só vi a menina, na rua. Estava com um vestidinho branco, curto. *(Falando para si mesmo.)* Lindo! Mas havia algo de estranho nele. Manchas. O vestido já estava manchado de sangue.

Delegado: — Parece que o senhor enxerga bem até demais. Mesmo no "crepúsculo".

Escrivão (ao Delegado): — O doutor permite que eu faça a ele uma pergunta?

Delegado: — Vá em frente, Hipólito. Você sempre se mete mesmo.

Escrivão (ao Motorista): — Em que parte do vestido, as manchas? Perto das pernas?

Motorista: — Sim, por quê?

Escrivão: — Nada, é que me passaram pela cabeça umas coisas.

Delegado: — O corpo estava praticamente intacto, segundo o perito. Estranho mesmo foi isso.

Escrivão (*ao Motorista, com uma familiaridade cúmplice*): — Pequenos arranhões. Como se ela tivesse levado apenas um tombo. Mas ainda falta a autópsia, claro.

Motorista (*ao Escrivão, com a mesma intimidade, deixando-se envolver*): — E foi isso mesmo, rapaz. O carro parou bem pertinho dela, não chegou a tocá-la. E quando eu desci ainda havia sangue no vestidinho da menina. Depois, quando eu a examinei mais detidamente, não havia mais.

Advogado (*tentando desviar o rumo da conversa*): — Um acidente. A menina assustou-se, caiu na rua e morreu. Um caso simples, para arquivar logo.

Delegado (*ignorando-o e dirigindo-se ao Motorista*): — Quer dizer, então, que o senhor examinou a menina... mais "detidamente"?

Motorista: — Não é isso que a gente deve fazer, socorrer a vítima?

Delegado: — Mas depois o senhor a deixou lá na rua.

Motorista (*compungido*): — Que que adiantava levar? Já estava morta.

Delegado (*cinicamente*): — Como é que teve certeza? Por acaso é médico?

Motorista (*trocando olhares com o Advogado e assumindo o estilo dele, como se previamente combinados*): — Não, senhor Delegado. Para dizer a verdade, bem que meus pais sonhavam para mim um futuro como esse que o senhor teve a bondade de ventilar. A medicina. O ideal de Hipócrates, salvar vidas, trazer...

Escrivão: — Ideal de quem?

Motorista (inseguro, pedindo auxílio com os olhos ao Advogado): — Hipócrates?

Escrivão: — Ah, bom.

Advogado (tomando as rédeas): — O ideal de Hipócrates, salvar vidas, trazer crianças ao mundo, aplicar um pouco de bálsamo ao sofrimento dos humildes...

Delegado (incisivamente): — As testemunhas afirmaram que ele declarou que era médico.

Advogado: — Testemunhas? Que testemunhas? Não havia ninguém na hora do acidente.

Delegado: — Os vizinhos. As pessoas da rua, que chegaram logo depois.

Motorista: — Ah, o negócio do médico. (Sorrindo forçadamente.) Eu posso explicar.

Delegado (interrompendo-o com um gesto): — Não, agora não. Explica primeiro direitinho como foi o "acidente". *(Irônico, arremedando o Motorista "ao volante".)* O senhor reduziu, buzinou, usou o pisca-pisca... e aí?

Motorista: — Quando vi que ela não ia mesmo sair fora, pisei fundo nos freios. O senhor mesmo reconheceu que o corpo estava praticamente intacto.

Delegado (relutante): — Praticamente, praticamente.

Escrivão (admirado): — Cinqüenta metros de rastros de pneus! O recorde aqui da Delegacia. Desculpe a curiosidade, mas que marca é o seu carro?

Motorista (orgulhosamente, deixando-se enredar): — JK. O Alfa-Romeo brasileiro. Um carrão.

Escrivão: — É o Brasil. Tá progredindo.

Advogado: — Ah, agora vocês tocaram num ponto importante: a Indústria Automobilística. *(Num tom envolvente, demagógico, enquanto aponta para o retrato de JK na parede.)* Tudo começou com o ex-presidente. Com Juscelino Kubitschek se implantou no país uma política de desenvolvimento calcada num sistema rodoviário e na indústria automobilística, aqui introduzida através do capital estrangeiro. E pergunto eu ao senhor Delegado: a que interesses servia tal política? Aos nossos ou aos das potências industrializadas que puderam expandir-se dentro de nossas fronteiras? Não que eu seja contra a interiorização do nosso imenso território, sujeito inclusive à cobiça dos...

Delegado: — Os fatos, porra! Os fatos! (*Ao Escrivão.*) Depois corta essa merda toda.

Advogado: — Tem razão, senhor Delegado. Os fatos. Mas não estarão sempre os fatos ligados à Teoria, à História? Essa História maior, com agá maiúsculo, à qual se encontram interligadas todas as nossas histórias menores, nossas pequenas dores e tragédias, como a da pobre menina...

Delegado (*resmungando consigo mesmo, mas de modo a ser ouvido*): — Mas que cara chato! (*Ao Escrivão.*) Só escreve quando eu mandar.

Advogado (*fazendo-se de desentendido*): — Não que eu seja totalmente contrário a Juscelino. Que obra admirável é Brasília. Mas a indústria automobilística e as rodovias foram responsáveis diretas pelo afastamento do brasileiro de suas tradições e raízes. Com Juscelino Kubitschek o brasileiro tornou-se antes de tudo um Motorista. E o nordestino não mais um forte, como queria o nosso grande Euclides da Cunha, mas um desenraizado. Sem Juscelino não estaria o meu cliente ali com seu carro, naquele momento, bem como o nordestino e sua carência, fruto das migrações rurais...

Delegado (*profundamente irritado*): — Mas que nordestino é esse?

Advogado: — O negro. Andei investigando por conta própria. Disseram-me que o negro tarado tem um sotaque nordestino.

Delegado (*fazendo sinal ao Escrivão para datilografar*): — Mas afinal quem viu algum nordestino, algum tarado, algum negro? (*Para o Motorista.*) O senhor não viu, não foi?

Motorista (trocando olhares com o Advogado): — Quer dizer, vi e não vi. (*Pausa.*) Pois eu o vi, de certo modo, através dos olhos da menina. (*O Motorista olha para os lados, inquieto.*) Porque não existe a menor dúvida de que ela se achava em transe, paralisada, olhando fixamente para o terreno baldio... (*pensativo*) ou algo por ali.

O Motorista se ergue do banco e fixa seu olhar na direção do local do atropelamento, onde o corpo de Jacira irá sendo progressivamente iluminado.

Advogado (inquieto com a atitude de seu cliente): — E o que poderia haver no terreno baldio se não a figura terrível do nordestino? Além de tudo, negro.

Motorista (ternamente caminhando em direção a Jacira, enquanto já se faz ouvir, ao longe, a canção infantil: "Nessa rua, nessa rua..."): — E quando eu desci do carro e a tomei nos braços, havia aquelas pequenas manchas de sangue. Que logo depois desapareceram.

Advogado (sem muita convicção): — Um acidente, um acidente.

Delegado (para o Motorista, que lhe deu as costas): — Ah, então o senhor tomou mesmo a menina nos braços? Reconstitua, por favor; reconstitua.

O Motorista já atravessou a "fronteira" que o separava do "espaço" de Jacira. E o "reconstitua" do Delegado tem muito mais a ver com uma "reconstituição teatral" do que com qualquer procedimento policial realista.

O espaço da Delegacia se ensombrece aos poucos. Delegado, Escrivão e Advogado tornam-se apenas silhuetas na obscuridade. Algo assim como espectros da Burocracia e da Justiça. E esses espectros, fascinados, observam a "cena", em que o Motorista se curva sobre Jacira.

Cena 3

Reconstituição e velório
("Desespero agradável")

Na abóbada do espaço cênico, uma estrela. É Mira, "a maravilhosa", estrela variável — ou cefeida — no sentido que a isso dão os astrônomos.

No espaço da rua, apenas Jacira e o Motorista. Ele a envolve com um dos braços e ergue sua cabeça. Os gestos do Motorista ora exprimem consternação, ora manifestam sensualidade e desejo.

Motorista: — Eu peguei a menina assim, senhor Delegado, e encostei de leve — com todo o respeito, diga-se de passagem — a mão em seu peito, pra ver se o coração dela ainda batia.

Aqui, onde a pontinha do seio esquerdo apenas estufava a blusa, como se esse seio houvesse acabado de nascer. Tão pequeno que a garota parecia quase um rapaz.

Começam a surgir as primeiras "testemunhas". O tempo vivido por elas é ainda lento e irreal.

Motorista (largando a menina): — Não, não me olhem com esses olhos. Não sou um homossexual. Posso jurar que jamais tive algum impulso nesse sentido. É que sempre gostei das mulheres de seios pequenos. Daqueles que cabem em nossa...

Coordenadas pelo Autor-Diretor, as testemunhas irão construindo a capela para o velório: o caixão, flores, velas etc. Entre essas testemunhas, o Advogado, o Escrivão e o Delegado — em novos papéis —, que disporão os móveis da Delegacia para o velório. Apenas a mesinha, com a máquina de escrever, deverá permanecer à parte, constituindo o espaço de Roberto.

Motorista (percebendo sua mancada, cada vez mais enredado, dirigindo-se ao público): — Não, não é nada do que vocês estão pensando, eu posso explicar. É que sendo esses seios tão pequenos, como se ela fosse um rapaz, achei que não tinha nada de mais que, mesmo eu não sendo médico *(num tom demagógico, semelhante ao do Advogado)* — embora talvez se manifestasse aí a vocação entrevista e tão desejada por meus pais —, não havia nenhum mal em que eu fizesse o que fiz a seguir *(ele volta a debruçar-se sobre o corpo de Jacira)*: desabotoasse o vestido da menina, para auscultar carinhosamente, com toda a ternura, o seu coração. *(Ele olha outra vez para o público.)* Aliás, o melhor é reconstituir para Vossa Excelência. Não é esse o tratamento que se deve aos delegados de polícia: Vossa Excelência?

No momento em que ele vai auscultar o coração de Jacira, duas testemunhas (entre elas o Autor-Diretor) roubam-lhe o corpo e o depositam sobre a mesa de velório ou caixão. Vivem tempos diferentes, o Motorista e as testemunhas.

Motorista (olhando desoladamente as próprias mãos, como se algo lhe houvesse escapado): — Mas o coração dela não batia mais.

1ª Testemunha (Mulher): — É como se ela estivesse dormindo.

2ª Testemunha (Mulher): — Está linda, parece uma santa.

1ª Testemunha: — Veio até gente de outros velórios para ver.

Autor-Diretor (solenemente, para o público): — Eram decorridos vinte e oito minutos do primeiro tempo da partida Brasil e

Tchecoslováquia, pelas oitavas de final da Copa do Mundo, quando Pelé acertou um tirambaço na trave do goleiro Schroif, naquilo que parecia ser um prenúncio de mais uma vitória fácil da nossa Seleção.

Vê-se, no terreno baldio, a figura do Negro, com a camisa da Seleção. No rosto dele, primeiramente, expectativa e vibração; depois, um ríctus de dor.

Autor-Diretor: — Quando os olhos dos espectadores se fixaram outra vez em Pelé, havia em seu rosto a marca do sofrimento. Com a mão sobre a coxa, o nosso craque mancava. Uma distensão na virilha acabava de alijá-lo definitivamente da Copa. No estádio de Sausalito, em Viña del Mar, e também em todos os lares brasileiros — onde se acompanhava o jogo pelo rádio — fez-se um silêncio sepulcral.

Desaparece o Negro no terreno baldio, no meio de um silêncio sepulcral.

Testemunha (Homem de Terno, algum figurão): — Só os militares podem salvar o país.

Tia de Jacira (meio surda e entrevada, numa cadeira de rodas): — O que foi que ele disse?

Mulher: — Só um milagre pode salvar o Brasil.

Alguém: — Sim, um milagre.

Testemunha (Homem Jovem): — Garrincha. Nós ainda temos Garrincha.

Tia de Jacira: — Um milagre? Houve algum milagre?

Motorista: — Então passou por mim um pensamento quase herético, que o próprio Deus me perdoe. Eu tive esperança de ressuscitar ali a garotinha.

Motorista aproxima-se outra vez do corpo de Jacira.

Motorista: — Com aquela lucidez fulgurante dos momentos críticos, lembrei-me então do meu Manual de Escoteiro. (*Para o público.*) Porque sim, senhor Delegado, fui escoteiro em mi-

30

nha saudosa infância. Tentei então, rapidamente, a respiração boca a boca.

Curva-se o Motorista para beijar a Virgem, quando é precedido pela empregada negra da casa de Jacira. Com um olhar embevecido, quase de êxtase, ela acaricia o rosto da defunta. O Motorista afasta-se mais uma vez.

Pai de Jacira (o "Delegado", dirigindo à preta um olhar furioso): — Tirem essa mulher daqui.

Mãe de Jacira (convulsiva): — Ela criou a nossa menina.

Pai: — O seu olhar estúpido. Parece feliz.

Conciliadora, a mãe de Jacira conduz a empregada para fora. Há evidente cumplicidade entre ambas. O Motorista aproxima-se sorrateiramente e, olhando para os lados, beija rapidamente Jacira.

Motorista (levantando a cabeça): — Mas à medida que aqueles lábios esfriavam deliciosamente (terrivelmente, quero dizer) em meus próprios lábios, logo me dei conta de que a respiração artificial só é aconselhável para os afogados.

Quase imperceptivelmente, surgem num canto do palco Roberto e sua mãe. Roberto tem a gola do casaco levantada até o rosto, como se não quisesse ser reconhecido.

Motorista: — E foi só por isso — e não como os maledicentes insinuaram; foi só por isso que eu tentei a massagem no coração.

Motorista acaricia o corpo todo da menina. Trêmulo de ciúme, Roberto, contido por sua mãe, adianta-se um ou dois passos como se fosse investir contra o Motorista. Porém o pai de Jacira o precede. Neste momento há uma convergência de tempos.

Pai de Jacira (mais surpreso do que ofendido): — O senhor está tocando nas coxas da minha filha.

Motorista: — Ah, sim, aquelas coxas tão brancas. Logo que me dei conta de que o vestido estava levantado até a altura das coxas, eu quis compor decentemente a menina. (*Ele ajeita o vestido da defunta.*) Pois o senhor sabe como são as pessoas hoje em dia. (*Olha com desconfiança para as pessoas ao seu redor e para o terreno baldio.*) Ao verem um acidentado, a primeira coisa que pensam em fazer não é socorrê-lo, e sim saqueá-lo.

Retorna a empregada trazendo uma bandeja com refrescos e cafezinhos ou mesmo drinques. Para o Homem de Terno, o "figurão", há uma taça especial, contendo presumivelmente champanhe.

Homem de Terno (*pegando sua taça, com uma das mãos no ombro do Jovem, como se numa reunião social*): — Sabe qual é a única solução para o problema brasileiro?

1ª Mulher: — Um milagre?

2ª Mulher: — Garrincha?

Homem de Terno (*irado*): — Mulher não entende nada de futebol. (*Mais irado.*) E quem disse que nós estamos falando de futebol?

Homem Jovem: — Reforma Agrária. Eu sou a favor das reformas de base.

Homem de Terno (*condescendente*): — Se você tivesse a minha idade e a minha experiência, só acreditaria numa solução: a Ditadura Militar.

Motorista (*aceitando uma bebida*): — E se por acaso não há bens materiais, sabe-se lá o que podem extrair de um morto — uma morta, principalmente (*o Homem de Terno o olha com aprovação*) — essas massas carentes de tudo: de gêneros de primeira necessidade, de saúde, de afeto, de SEXO.

Amparada por um padre, retorna a mãe de Jacira. A empregada recolhe os copos, as pessoas se compõem.

Mãe de Jacira (*desvencilhando-se do Padre e lançando-se desesperada sobre o caixão*): — Por quê, meu Deus? Era tudo o que eu tinha e você me tirou.

Mãe de Roberto adianta-se para consolar a mãe de Jacira. Por um instante as duas se olham...

Padre: — Deus sabe o que faz. (*Como se ele próprio não acreditasse em suas palavras.*) Escreve certo por linhas tortas.

Pai de Jacira (*cerrando os punhos*): — Gostaria de matá-lo. Com minhas próprias mãos.

O Padre olha para ele, surpreendido.

Homem Jovem (*demagogicamente*): — São uns irresponsáveis. Pensam que a rua é deles.

Padre: — Ah, bom.

Homem de Terno: — Todo brasileiro ao volante é um boçal.

Pai de Jacira: — Eu queria pegar era o tarado.

Mãe de Roberto (*com visível preocupação*): — O tarado?

1ª Mulher: — O nordestino. O negro. Foi o que assustou a menina.

Mãe de Roberto (*aliviada*): — Estava no terreno baldio. Acho que eu o vi.

Homem Jovem: — A turma da rua está se organizando para pegá-lo. Vai ser uma verdadeira caçada.

Homem de Terno: — Sabem o que devia haver no país para quem faz mal às garotinhas? Pena de morte.

Mãe de Roberto (*de novo preocupada, tentando insinuar...*): — E o Motorista, não teve culpa?

2ª Mulher: — Coitado. Estava tão desesperado, o rapaz.

Menina (*cochichando*): — Estava de blusão de couro.

Outra Menina: — E de óculos escuros.

Motorista (*desesperado, junto ao corpo*): — Afastem-se que eu sou médico, eu disse. (*As pessoas se afastam ligeiramente.*) E desci a mão até a barra do vestidinho da menina, para cobrir suas pernas.

Motorista toca nas pernas de Jacira e Roberto se adianta, mais uma vez, perturbado.

Motorista: — E é o que eu teria feito, não fosse um pequeno detalhe a me chamar a atenção: alguns vestígios mínimos, de sangue, nas coxas da garotinha. Então achei que devia examiná-la bem, pois talvez se encontrasse aí a prova da minha inocência: a de que o sangue da menina não era conseqüência do acidente, mas já estava ali antes.

1ª Mulher: — Milagre!

Tia Surda: — O quê?

1ª Mulher: — Milagre. O sangue. Milagre.

Menina: — Jacira está com uma auréola vermelha.

Outra Menina: — Como Maria Goretti no dia da sua primeira comunhão.

Como se encampasse a santidade da Virgem, o Padre adianta-se para benzer e encomendar o corpo de Jacira. O Motorista começa a se esgueirar em direção à saída do palco. O Padre pode ser representado pelo Autor-Diretor.

Padre: — Se todos os atos e acontecimentos humanos e não humanos são uma sucessão ininterrupta e vertiginosa no tempo — que não pode deter-se jamais —, não existe, na verdade, tal abstração a que se chama o Presente, uma vez que esse Presente está sempre a tornar-se instantaneamente Passado. (*Olha para o Motorista.*) Não passa então a vida de um bólido motorizado arremessando-se em direção ao futuro. A única realidade fixa, portanto, é a Morte. Mortos estamos todos e sempre estivemos.

Sob as ordens do Padre (ou Autor-Diretor), ultimam-se os preparativos para o fechamento do caixão. Roberto se aproxima vampirescamente.

Roberto (numa entonação subliterária):

— Ah, nós, formas voláteis perdidas no espaço e no tempo, frágeis espectros projetados não se sabe de onde ou quando.

Roberto beija rapidamente Jacira, antes que lhe subtraiam o corpo da Virgem, ao fecharem o caixão. Põe-se a andar lentamente o cortejo.

Motorista (quase saindo de cena): — E foi por isso que ergui ainda mais a saia da menina, a tempo de ver quando aquelas ínfimas partículas de sangue se retraíam para dentro, como se imantadas por uma força interna, misteriosa, conduzindo a menina a um tempo anterior... (*música beatífica e repicar de sinos, para o cortejo*)... onde ela fosse pairar para sempre... virgem... intocada... numa espécie de limbo. (*Sai o Motorista.*)

Tia Surda-entrevada (*erguendo-se abruptamente, empolgada, para acompanhar, trôpega, cambaleante, a rabeira do cortejo*): — Milagre, milagre. Estou andando. Milagre. Estou escutando... o repicar dos sinos... um coro celestial... o murmúrio dos regatos... milagre... o baloiçar das folhas... milagre... o canto das cigarras... o eco das borboletas... milagre... o vento nas montanhas... o trinar dos pássaros... o uivo dos vendavais... milagre... (*sua voz vai sumindo nas coxias*) o trovejar dos trovões... milagre... a voz de Deus... milagre... o sibilar das serpentes... o rugir dos...

Desaparecendo o cortejo, permanecem em cena apenas Roberto e sua mãe, já no espaço de sua casa.

Roberto (*aproximando-se da janela*): — E foi então que eu vi, da janela, os pelinhos dela; apenas uns poucos, ralos, tão incipientes quanto os seios. (*Alçando desesperadamente a voz.*) E oh, meu Deus, eles eram louros. Sim, eles eram louros...

Cena 4

O quarteto de Alexandria

Estou me acostumando com a idéia de considerar todo ato sexual como um processo em que quatro pessoas estão envolvidas. Nós teremos muito o que discutir a esse respeito.

Sigmund Freud (*Cartas*)
Texto utilizado por Lawrence Durrell como epígrafe à sua tetralogia O *quarteto de Alexandria*.

Roberto à janela. Separada por uma parede imaginária, a mãe do Poeta, numa cadeira de balanço, costurando.

(*Roberto...* sim, eles eram louros!)

A *Mãe:* — Desde pequenininho ele era assim. Um garoto arredio, esquisito. (*Sorrindo, enternecida.*) Mas inteligente. Uma inteligência muito precoce. (*Surge Roberto Criança.*) Quando tinha apenas oito anos chegou perto de mim e perguntou...

Roberto Criança: — Mamãe, como é que a gente nasce?

A *Mãe:* — É na barriga da mamãe.

Roberto Criança: — E como é que a gente entra lá?

Mãe: — "É uma sementinha que o papai põe lá dentro", eu falei. Ele ficou um tempo pensativo e disse...

Roberto Criança: — Mas tinha que ser o papai, não podia ser um outro?

Mãe: — Eu ri muito e falei: "Então o outro também ia ser o seu papai". Pensei que ele tinha ficado satisfeito com a resposta. Ele estava deitado a meus pés, fazendo rabiscos imaginários no chão. E foi aí, de repente, que ele fez a pergunta mais difícil.

Roberto Criança: — E pra que é que a gente nasce?

Em seu espaço, Roberto Adulto tira discretamente uma arma do bolso.

Mãe: — Eu não sabia o que responder, então perguntei: "Por quê? Você não acha bom ter nascido?". Ele respondeu simplesmente assim: "Não!". E saiu correndo para o quarto.

Roberto Criança sai abruptamente. De pé, em pose de estátua, Roberto Adulto está com um revólver apontado contra a própria cabeça.

Roberto Adulto (*fixando o revólver num ponto da cabeça*): — É aqui. Parece ser aqui, a dor. Um pequeno ponto nessa massa mole e viscosa dentro da cabeça, este *Eu* ao qual damos tanta importância e que tanto nos atormenta. Mas não é propriamente uma dor. Talvez fosse preferível uma dor, mas não é uma dor. É antes uma pressão dentro da cabeça. Como uma caldeira cheia de vapor, se é que qualquer comparação nos serve. Só que uma caldeira que não dispusesse de nenhuma válvula de escape, de segurança. Então, segundo os mais rudimentares princípios da Física, deveria explodir. E no entanto não explode. (*Roberto engatilha o revólver e sorri sinistramente.*) A menos que... Um pequeno buraco. Bastaria que abríssemos aqui um pequeno buraco para que essa pressão se esvaísse.

Mãe: — Eu tinha ficado preocupada com aquela resposta e, quando o pai chegou, contei tudo pra ele e perguntei se ele não achava melhor levar o menino ao médico.

Pai de Roberto ("aparecendo" nervosamente num canto de cena): — Que tipo de médico?

Mãe: — "Um psiquiatra, quem sabe?", eu disse, um pouco receosa. Aí ele gritou que na família dele nunca tinha havido nenhum maluco e ele não admitia que filho seu fosse a nenhum psi-qui-a-tra.

Pai: — O que este menino está precisando é de ginástica. Muita ginástica.

Sai o pai de Roberto imediatamente de cena, onde se comportou como uma "aparição". Logo depois, pelo outro lado, sai a mãe.

Roberto Adulto (baixando a arma): — Mas é estranho... Cada vez que me disponho a apertar o gatilho, é como se fosse um outro que eu fosse matar. Pois se com um gesto da minha parte posso aniquilar esse sofrimento, é como se ele pertencesse a um outro, uma espécie de sombra minha. (*Ele pousa a arma sobre a mesa.*) E à simples idéia de que posso destruir essa sombra, sinto-me aliviado, vazio. E é assim que prossigo mais um pouco.

Roberto senta-se à mesa, examina seus manuscritos, dando neles um ou outro retoque com a caneta.

Roberto (lendo o que escreve): — Sim, queremos prosseguir, quase sempre. E, sorrateiramente, a sombra se aproxima de nós e eis que somos, ela e nós, de novo a mesma pessoa. (*Roberto acaricia a arma sobre a mesa e põe-se a escrever febrilmente.*) Suportamos essa terrível pressão e prosseguimos, como um homem esfolado e ardendo de sede num deserto onde não houvesse a menor possibilidade de água e sombra por milhares e milhares de quilômetros ao redor.

Tanto a entonação de Roberto quanto a luz vão se tornando crepusculares.

Roberto (parando de escrever, subitamente enlevado): — E esse homem anseia ao menos pela noite com seu frescor e orvalho e quando, talvez, ele possa dormir. Esse homem anseia por um eclipse. (*Poeticamente exaltado.*) Sim, toda noite é um eclipse, não só no firmamento mas também dentro do nosso cérebro.

Escurece de todo o espaço de Roberto Adulto. Ilumina-se o espaço de Roberto Criança.

Cena 5

O quarteto de Alexandria II

Roberto Criança, apertando um vestido contra o corpo. É um vestido que lembra adolescência e, numa antecipação alucinatória... Jacira.

Mãe de Roberto (entrando): — Um dia eu entrei no quarto e lá estava ele, o menino apertando um vestido contra o corpo. (*Vaidosa.*) Era um vestido meu, dos tempos de mocinha. Eu era bem mais magra naquela época. A minha primeira reação foi de pânico: E se o pai o visse assim? Era capaz de nem sei o quê. O pai era militar e gaúcho.

Mãe: — Se teu pai te vir assim é capaz de nem sei o quê.

Subitamente a mãe sorri, enlevada, como se a sensualidade do filho fosse dirigida a ela, e o abraça pelas costas. Roberto a repele, larga o vestido e sai rapidamente do quarto, já para o "espaço do Psiquiatra".

Mãe (ressentida): — Na primeira oportunidade levo ele escondida a um psiquiatra.

Cena 6

O quarteto de Alexandria III

Consultório onde Roberto, com uma displicência adolescente, está sentado diante do Psiquiatra.

Psiquiatra (envolvente, examinando uma ficha): — Muito bem. Vejo aqui que seu pai era coronel do Exército.

Roberto Adolescente: — Major. Ele só foi promovido a coronel depois de morto.

Psiquiatra (como se já soubesse): — E como foi que isso se deu?

Roberto: — A morte do meu pai? (*Displicente.*) Meu pai morreu na selva (*irônico*) numa "revolução".

Psiquiatra: — Um herói, então?

Roberto (cínico): — Meu pai morreu na selva, mas picado de cobra.

Psiquiatra: — ...

Roberto (exaltado): — Meu pai morreu picado por uma serpente de muitas cabeças.

Ao dizer esta última frase, Roberto já está saindo para o espaço do quarto dos pais, onde o militar acaba de vestir o unifor-

me de campanha. Sua mulher, servil, ajuda-o a calçar as botas. À distância, em outro "tempo", com a mão no bolso, Roberto Adulto.

Mãe (*para si mesma*): — Foi só quando o pai morreu que eu pude levar o menino ao psiquiatra. O pai sempre quis ir à guerra, mas o Brasil nunca entrava em guerra com ninguém. Foi aí que estourou aquela revolta na Selva Amazônica. Eu senti o quanto ele se alegrou quando o incluíram na missão. Na hora de partir ele se comportava como num filme...

Pai (*para Roberto Criança*): — Na minha ausência você é o homem da casa. Deve cuidar muito bem da sua mãe.

Roberto Criança (*aparentando interesse*): — Os inimigos são muitos?

Pai (*orgulhosamente*): — Uns trezentos.

Roberto: — E os soldados, quantos são?

Pai (*com a mão no ombro do filho*): — Não tenha medo. Os soldados são uns dois mil e têm tanques, aviões e metralhadoras e granadas e canhões.

Roberto se queda pensativo por um instante.

Roberto: — Mas assim não é covardia?

Pai (*furioso, preparando-se para partir*): — Eles são trezentos, sim, mas comunistas. E os comunistas são serpentes de muitas cabeças. E se não cortarmos agora essas trezentas cabeças, em breve elas se transformarão em mil e depois em duas mil e depois em cinco mil, cinqüenta mil, um milhão, vários milhões de cabeças. São como células cancerosas que se reproduzem, se a gente não extirpá-las no embrião. O comunismo é um câncer, ouviu? Um câncer.

Diante da mulher aflita por acalmá-lo, o pai de Roberto põe o quepe na cabeça e sai decididamente, sob o olhar fixo do menino, "pelas costas". Logo ao transpor a soleira da porta, escuta-se um tiro e o pai de Roberto cai, já no espaço da Selva Amazônica, o terreno baldio.

Roberto Adulto tira (só então) um revólver do bolso. Por um instante os olhares de Roberto Criança e Roberto Adulto se cruzam. Sai o menino correndo e a mãe senta-se e se põe a costurar.

Roberto Adulto: — E as noites são também um bálsamo, se conseguimos dormir. E os sonhos são um pouco de ar puro penetrando dentro da nossa cabeça cheia de pressão. (*Sempre com o revólver na mão, Roberto se movimenta em direção à cama.*) Não importa se bons sonhos ou pesadelos; o que importa é que a mente galopa então livre, sem que contra os seus desígnios secretos lutemos ou a eles queiramos impor uma direção.

Roberto senta-se na cama. De seu espaço, a mãe lança um olhar preocupado para o quarto do filho.

Roberto (*erguendo subitamente o revólver*): — Mas e nós, os insones? Aqueles que, na vigília, travam batalhas contra si próprios todas as noites.

Mãe (*deixando a costura de lado e levantando-se*): — Desde pequenininho ele era assim. Um garoto arredio, esquisito...

Roberto (*deixando a cama nervosamente, como um insone*): — Então só me restava ela, a menina Jacira. Só Deus sabe o quanto ela passou a ser para mim esse eclipse e esse bálsamo à minha dor, como se eu a fabricasse dos meus desejos mais recônditos. Era ela a fresta de sonho a lançar-me ao entardecer na rua lá fora.

Roberto senta-se à mesa, enquanto se escuta, muito fracamente, a canção-tema: "Nesta rua, nesta rua tem um bosque". De pasta e uniforme, Jacira desponta na rua, chegando do colégio.

Mãe (*aproximando-se do quarto do filho*): — ... mas inteligente. Uma inteligência muito precoce. Um poeta!

Roberto (*escrevendo*): — Como se desenhado por minha vontade, o crepúsculo mistura tonalidades imprevisíveis de cor, entre o azulado e o róseo, conformando-se ao meu espírito que, pouco a pouco, se concentra na expectativa da chegada de Jacira, o bater daqueles pezinhos contra a calçada, quando ela vem jogar amarelinha ou pular corda.

Vê-se a movimentação na casa de Jacira com a chegada da menina, sendo recebida pelo pai, a mãe, a tia "surda-entrevada", a empregada negra. Todos tratam-na como algo especial, o que ela retribui com um quase imperceptível e orgulhoso desdém.

A mãe de Roberto chega o ouvido bem próximo à porta do quarto do filho.

Mãe (*receosa de incomodar*): — Boa noite, meu filho.

Roberto (*impaciente*): — Boa noite, mamãe. (*Prosseguindo, como se descrevesse uma personagem.*) Ela sempre brinca sozinha, é uma menina solitária, mas não triste. (*Nitidamente se referindo também a si próprio.*) Como se pertencesse a um mundo à parte, é um desses seres orgulhosos da sua solidão.

A mãe de Roberto simula o gesto de desligar um interruptor na parede e faz-se escuridão total no espaço da casa do Poeta. A luz se concentra na casa de Jacira.

Cena 7

Paixão e morte de Roberto e Jacira

Tendo se "desvencilhado" do carinho dos parentes, Jacira vai até o quarto da mãe, senta-se diante de uma penteadeira dobradiça de espelho tríplice e põe-se a escovar os cabelos. De repente, mostra perceber, pela primeira vez, seus seios que acabaram de despontar. Jacira se acaricia por cima da blusa; depois volta a pentear-se, pensativa...

Voz de Roberto (*em* off): — Mas no final daquela tarde eu já ouvia o canto das cigarras, eram quase seis horas e Jacira não aparecia na calçada. Das frestas da janela eu só podia ter uma visão oblíqua, a rua lá embaixo. Então, num gesto impulsivo, com o coração a bater, fui girando lentamente o trinco, abrindo a janela apenas o suficiente para obter uma visão do que poderia estar se passando em casa de Jacira.

E oh, visão dos deuses, encontrei-me diante do quarto da mãe da menina. Mas não era aquela mulher que estava lá e sim Jacira. Uma leve aragem fazia esvoaçarem as cortinas (*a voz de Roberto vai sumindo*), e com as luzes daquele quarto já acesas...

Carregando nas mãos um vestidinho branco, a "sombra" de

Roberto se esgueira em direção ao espaço de Jacira, como um espectro que pode ver sem ser visto.

Subitamente, como se atendendo telepaticamente a um desejo de Roberto, Jacira abre a blusa do uniforme e se acaricia no peito, onde brotaram os seios.

Roberto (em off): — Como se obedecesse não a um impulso seu, mas a uma ordem da minha vontade inflexível, ela abriu a blusa. E eis que ali haviam nascido dois diminutos seios.

Sempre como um espectro invisível, Roberto chega junto de Jacira e deixa sobre uma cadeira o vestido, que a menina ainda não pode perceber. Nervosamente, ela arranca a blusa e, fascinada, procura ver seus seios de todas as posições.

De repente, como se tomasse consciência da metamorfose em todo o seu corpo — e também como se atendesse à vontade imperiosa de Roberto —, ela se ergue e, de um golpe, se desnuda inteiramente, imobilizando-se diante do espelho.

Roberto (exaltado): — E eu quis, então, com todas as minhas forças, que o tempo se detivesse e nos petrificasse assim: eu ali, à janela, com a respiração suspensa, aprisionando os múltiplos reflexos da menina nua, no limiar exato da sua transformação.

Por um instante, é como se a menina de fato se petrificasse; mas logo depois, como pressentindo que alguém a observa, olha para o outro lado da rua, para a casa de Roberto e, delicadamente, cobre o sexo com as mãos.

Roberto: — Mas o tempo era uma coisa que não podia deter-se, jamais. A não ser que...

Roberto começa a recuar para o seu espaço, a sua casa (o próprio corpo, à janela), reeditando ao contrário os movimentos sinuosos com que veio ao espaço de Jacira.

A mãe de Jacira entra no quarto e, num misto de deslumbramento e censura, surpreendendo a filha nua, estende para ela o vestidinho branco. Por um momento, Jacira se refugia nos braços da mãe, como se quisesse retornar à infância. Mas, denotando uma volubilidade adolescente, logo ela se desvencilha e veste rapidamente a roupa branca sobre o corpo nu.

Recuando para o seu espaço, Roberto se detém aqui e ali, executando, como um Maestro, discretos movimentos com as mãos.

Terá sido em correspondência a um desses sinais, presumivelmente, que Jacira libertou-se dos braços da mãe para vestir-se, apanhar uma corda e sair. Também em sincronia com tais gestos é que terão se desencadeado novamente o cantar das cigarras, o clímax do crepúsculo, os acordes longínquos de uma canção infantil etc.

Já o Negro surgirá, "clandestinamente", depois de a sombra de Roberto haver retornado à sua janela, que volta a fechar-se quase de todo.

Como na Cena 1, Jacira surge do portão de sua casa para pular corda, solitariamente, na rua. Nas frestas da janela do quarto de Roberto, entrevê-se o vulto do Poeta. Escondida no terreno baldio, percebe-se, de relance, a figura do Negro.

Tornam-se os gestos da menina, atravessando a fronteira da infância para a adolescência, mais lânguidos e sensuais.

Como signo dessa transformação, uma gota vermelha espraia-se por seu vestido. Tal efeito poderá ser substituído por uma rosa que a menina apanhará no chão e prenderá nos cabelos ou no vestido, entre os seios.

Escuta-se, abafadamente, o soar de uma percussão, no ritmo do coração acelerado de Roberto e também como signo de negritude.

Roberto, na obscuridade, está sentado agora na cadeira de balanço, com o revólver na mão.

Ouve-se, ao longe, o ronco do motor de um carro e o soar, por duas ou três vezes, de uma buzina. Uma estrela surge na abóbada do palco e sua luz, piscando, atinge forte intensidade, iluminando a cena, como o farol de um carro.

Apertando a corda sensualmente contra o corpo, Jacira estaca paralisada (e fascinada) diante da janela de Roberto (e do terreno baldio), como se oferecendo em sacrifício.

Escuta-se um tiro, o palco mergulha em total escuridão.

Cena 8

Romaria, beatificação da Virgem

Ao retornar a luz, Jacira está instalada sobre o seu túmulo, como uma escultura. Um pouco afastado, o túmulo de Roberto, para onde o Poeta é conduzido pela mãe e o Coveiro (Autor-Diretor), que o sentam numa cadeira de balanço e logo saem de cena.

Bem visível, gravada na lápide do túmulo da Virgem, a inscrição:

AO ANJINHO JACIRA, A NOSSA SAUDADE ETERNA

1950-1962

Romeiros, ao chegarem ao cemitério, lêem em voz alta manchetes e títulos numa banca de jornal.

1º Romeiro: — Santinha de Botafogo faz milagre no próprio velório.

2º Romeiro (mulher): — Suicidou-se por causa da Virgem e pediu para ser enterrado junto.

3º Romeiro (mulher): — Lincharam tarado no matagal.

4º Romeiro: — Dribles de Garrincha acabam com a alegria dos espanhóis.

Homem (em casa, lendo página esportiva para a mulher): — Sentindo a ausência de Pelé, parecia que só um milagre salvaria o Brasil, depois que os espanhóis, comandados pelo húngaro naturalizado Puskas, abriram a contagem e quase enfiam o segundo...

Mulher (lendo página policial para o homem): — Desde pequenininho, segundo a própria mãe, Roberto era um garoto arredio, esquisito. Trancava-se no quarto e escrevia umas coisas que não deixava ninguém ler.

Repórter radiofônico (no cemitério): — Crentes acorrem em massa ao São João Batista em busca de milagres. (*Mais baixo.*) Tudo começou quando a tia de Jacira, surda e entrevada, ouviu os sinos repicarem e saiu atrás do...

O repicar de sinos abafa a voz do repórter, misturando-se aos cânticos dos romeiros que acorrem ao túmulo da Virgem.

Mascando chicletes, numa pose descuidada (e até arrogante) de adolescente, Jacira agora está sentada à beira do túmulo e assiste, numa atitude de desdém e enfado, à aproximação dos crentes para trazer-lhe oferendas (flores, velas etc.) e fazer-lhe pedidos. O figurino da Virgem poderá caracterizar, já, uma adolescente desinibida da década de 60.

Um verdadeiro mafuá (com barraquinhas onde se vendem pipocas, flores, velas, santinhos) instalou-se nas proximidades do túmulo da menina.

Entre os crentes, há sofredores de todo tipo, desde miseráveis e aleijados até a clássica solteirona casamenteira e mesmo algum torcedor com a camisa da Seleção, pagando promessa pela vitória contra os espanhóis.

Mulher (de meia-idade, mas precocemente envelhecida e malvestida): — Jacira, minha menina, vim pedir por ele. Ele não é mau, Jacirinha, quando não bebe. Mas ele bebe sempre, Jacirinha. E então é um inferno. Chega em casa quebrando tudo e gritando que somos todos uns filhos-da-...

Solteirona (*humildemente*): — É uma coisa pequena, muito pequena para você, minha santa, que pode tudo. Tão pequena que tenho até vergonha de pedir, ainda mais para você, que morreu defendendo sua (*hesitante*)... pureza. Mas nem todos têm essa sua força, Jacira, e pra mim (*numa sensualidade contida, mas histérica*) é uma coisa grande. Imensa até. Um homem. Que possa compartilhar comigo a minha...

1ª Mulher (*acendendo uma vela*): — É pra ele parar de beber. E se ele não parar de beber, é pra que ele morra.

Bandido Magrinho: — Vim por sua proteção e sua bênção, santinha. Pra mim e a minha arma...

Aleijado: — A minha perna, virgem santa. A minha perna...

Bandido (*mostrando o revólver*): — A minha arma que as mãos tremem só de segurar. Pois nunca usei e a primeira vez é a mais difícil. Mas é que eu preciso de uns ganhos, Jacira. Deus há de compreender e me dar coragem.

Outras vozes de romeiros se misturam a essas, como um alarido, deixando espaço, porém, para que as frases mais fortes sejam realçadas. Entre esses crentes, três meninas no início da adolescência e que, sub-repticiamente, chegam até o túmulo de Roberto e acendem velas. Também a solteirona, depois de se afastar do túmulo da Virgem, ajoelha-se diante do Poeta.

Quanto a Jacira, só parece descer do seu "tédio olímpico" quando, no meio do alarido, algo consegue excitar-lhe a fantasia adolescente. Isso acontece no momento em que a solteirona, abandonando seu ar de humildade, reveste-se de uma sensualidade algo histérica.

O mesmo ocorre quando o Motorista vem prostrar-se diante dela, oferecendo-lhe, num gesto ambíguo entre o arrependimento e a arrogância de macho, alguns de seus apetrechos, como as luvas, o blusão de couro, os óculos escuros.

Jacira mostra uma certa lascívia e acaricia o próprio rosto com as luvas e faz menção de colocar os óculos escuros.

Escutando, porém, o canto sacro de um séquito episcopal que se aproxima, Jacira — como se surpreendida numa atitude dúbia, quase obscena — apressa-se a devolver tudo ao Motorista, que se esgueira para fora de cena, como se fosse o diabo diante da cruz. Cruz essa que, efetivamente, é trazida pelos acólitos do Bispo.

Padre (para Bispo, ambos em primeiro plano): — Vossa Reverendíssima não crê que está havendo um certo exagero?

Bispo: — Não, pelo contrário, meu filho. Os cegos andam, os surdos vêem e os coxos escutam. Eis o verdadeiro milagre do Senhor.

O padre beija respeitosamente o anel do Bispo, que se acerca da Virgem para coroá-la com uma dessas auréolas que revestem a cabeça dos santos, no meio de música apoteótica.

Mal disfarçando o orgulho e narcisismo, Jacira compõe uma pose beatífica de estátua.

A cerimônia atinge o seu clímax, final do Primeiro Ato.

II
O SEGUNDO ATO

Cena 1

No camarim

Camarim de atriz adolescente. Com um vestidinho tipo época atual ou auge da década de 60, ela escova os cabelos diante de uma penteadeira.

Num canto do palco, uma cama irreal e despida.

Num simulacro de parede, uma janela aberta para o negror estrelado da noite.

Duas batidas na porta e entra o Autor-Diretor, talvez vestido de preto e segurando um copo de vinho. Senta-se e fixa o olhar na imagem da garota no espelho. É através desse espelho, a princípio, que se trava o diálogo.

Autor-Diretor: — Você andou indo à praia!

Atriz (*numa indignação pouco convincente*): — Donde tirou essa idéia?

Autor-Diretor: — O rosto está afogueado.

Atriz: — Passei um tiquinho de ruge.

Autor-Diretor: — Vai a algum lugar?

Atriz: — Por quê? Tem alguma coisa contra?

Autor-Diretor: — Perguntei por perguntar. Vai com esse vestido?

Atriz: — Não gosta?

Autor-Diretor: — Preferia a de antes.

Atriz: — Jacira...

Autor-Diretor: — Sim, Jacira.

Atriz: — Você gosta dela.

Autor-Diretor: — Gosto. (*Falando para si mesmo, sonhador.*) A pele deve ser a mais branca possível.

Atriz: — E de mim, você não gosta?

Num rompante, ela tira pela cabeça o vestido, mostrando-se branquíssima e nua no espelho.

Atriz: — Veja!

Autor-Diretor (*tomando trêmulo um gole de vinho*): — Com a iluminação ficará de uma palidez irreal, fosforescente. Posso lhe pedir uma coisa?

Atriz: — De repente.

Autor-Diretor (*apontando para a cama*): — Vá até ali e deite-se.

Atriz: — Assim, como eu estou?

Autor-Diretor: — Sim, nua.

Atriz: — Sou virgem, mamãe faz questão. Como Brooke Shields.

Autor-Diretor: — Não tenha medo. É como uma cena. (*Num tom aliciante.*) Como Brooke Shields.

Através da porta entreaberta, vê-se o vulto de um contra-regra negro que faz soar a cigarra, como no início de um espetáculo. Ensombrece-se o palco.

Ao voltar a luz, proveniente de um spot-light dirigido para a cama, a jovem atriz está deitada, tendo junto de si, sentado, o Autor-Diretor, que simula acariciá-la delicadamente.

Através da fresta na porta, o Negro observa a cena com uma curiosidade semi-indiferente, de velho empregado de teatro. Logo se entedia e vai embora.

Autor-Diretor: — Agora feche os olhos e fique bem quieta.

Atriz (erguendo a cabeça, desconfiada): — Para quê?

Autor-Diretor: — Se você estiver olhando, não me concentro.

Atriz (voltando a deitar a cabeça e a fechar os olhos): — Está bem. E o que você está vendo?

Autor-Diretor: — Nenhuma diferença entre a pele da barriga, dos seios, das pernas.

Atriz: — Não era assim que você queria?

Autor-Diretor (divagando sonhadoramente, como se se dirigisse a alguém em outro espaço): — Tudo muito branco. Apenas a leve penugem loura no meio das pernas, no sexo. Se quiser, pode até dormir.

Atriz (erguendo novamente a cabeça): — E se houver alguém?

Autor-Diretor: — É tarde. Já foram todos embora.

Atriz: — Algum *voyeur*. Eles são espertos. Se escondem atrás das cortinas, janelas, portas.

Autor-Diretor: — Você não fica nua no palco?

Atriz: — É diferente.

Autor-Diretor: — Está certo, eu fecho tudo, se você quiser.

Enquanto ele se levanta para fechar a porta e a persiana, ela fala como se para si mesma.

Atriz: — Às vezes desconfio de alguém em outro espaço... outro tempo. Alguém que me vê.

Pelas frestas da persiana fechada, distingue-se momentaneamente um vulto, iluminado fracamente pela chama de uma vela. O contra-regra negro? Roberto?

Autor-Diretor (voltando a sentar-se na cama): — Pronto. Agora feche os olhos.

Atriz: — É sempre assim que você gosta?

Autor-Diretor: — Assim, como?

Atriz: — Com a mulher... (*ela procura a palavra certa*) "dormindo"?

Autor-Diretor: — O melhor de tudo é o silêncio. Não ter de dizer aquelas coisas todas. "Eu te amo", por exemplo.

Atriz: — Você me ama?

Autor-Diretor (ajeitando-se, todo vestido, ao lado dela, como se escolhesse uma posição adequada para a cena): — Não fale agora, por favor.

Atriz (erguendo o corpo, de modo que os dois ficam na mesma posição, semideitados, com um dos braços apoiados na cama): — Responda só isso: você me ama?

Autor-Diretor: — Se a gente está com uma pessoa, é porque de alguma forma a gente gosta.

Atriz: — A gente pode deitar com uma pessoa que odeia.

Autor-Diretor: — É verdade, mas não vem ao caso.

Atriz (ameaçando levantar-se): — De Jacira você disse sem pestanejar que gosta.

Autor-Diretor (sentando-se, por sua vez, impaciente): — Está bem, eu gosto de você porque também é muito branca. E os seios tão pequenos que mal parecem ter nascido. E os cabelinhos quase louros, entre as pernas, que você abre apenas um pouquinho... para que eu não veja demais, o que poderia quebrar o mistério.

Ele vai se deitando junto a ela, que agora relaxa quase totalmente o corpo.

Atriz: — Só mais uma coisinha.

Autor-Diretor: — Sim?

Atriz: — Como é que você se sente com uma mulher... (*procurando de novo a palavra certa*)..."inerte"?

Autor-Diretor: — Você não gosta?

Atriz: — Não sei ainda. Acho estranho.

Autor-Diretor (falsamente arfante, sempre vestido, num pré-orgasmo visivelmente simulado, representado): — Não abra os olhos para falar.

Atriz: — Também não devo fazer nenhum gesto?

Autor-Diretor: — Nenhum. Completamente... "inerte". Como se estivesse...

Atriz: — Morta?

Autor-Diretor: — É o que você disse.

Trovejar e raio. Como se tomado por nuvens negras, ensombrece-se o palco.

Cena 2

Metamorfoses

Chove no espaço cênico. Grossas gotas esparsas caem sobre a terra esturricada, impregnando o ambiente de uma fragrância que não pode ser nomeada através de qualquer outra coisa que não ela mesma: o cheiro da terra umedecida. Transportam-se, os espectadores, ao recolhimento das divagações dentro do seu próprio cenário interior. Vapores sobem à atmosfera, carregando angústias há longo tempo sufocadas e que agora estarão suspensas, no espaço, à espera de novamente se precipitarem, em forma de bruma quente, envolvendo como um torniquete corpos e cérebros. É na expectante calmaria que se retesam os seres humanos, suas mentes se encontram mais tormentosas. Nesse momento, o Planeta aparecerá a todos como um deserto, onde só florescem espinhos.

Por enquanto, porém, é a fresca chuva a lavar nossa alma e, de repente, tudo flui e segue seu curso. A chuva é também o alimento dos mortos que, do contrário, permaneceriam como zumbis ressequidos, sem jamais alcançar a metamorfose. Dessa podridão, onde passeiam vermes, brotarão novas formas de vida e algo tão belo e misterioso quanto poemas e flores. Ambos já preexistiam desde sempre na natureza, mesmo quando esta ainda não passava de sêmen disperso, nebulosa. E se algum poeta existe, é porque soube sintonizar essa melodia cósmica.

E não passa, muitas vezes, tal melodia, de um soar quase imperceptível, como o bater dos pingos d'água na fronte da Virgem. Gotas rolam depois pelo seu rosto, como lágrimas, que no entanto são de fecundidade. E a Virgem, diante dos nossos olhos, desabrocha.

Encharca-se, aos poucos, sua veste, delineando o contorno delicado do seu corpo, os diminutos seios como botões de rosa prestes a florir e já contendo, latente, uma paixão ainda não dirigida a nenhum homem ou mulher.

Em seu sexo, através da velada transparência do vestido, vemos brotar uma leve penugem, loura como ramos de trigo. E ali, na *fonte da donzela*, pressentimos a partida do primeiro óvulo, trazendo a ânsia da fecundação, como se fosse ele um anjo anunciador e a mulher, instrumento dos seus desígnios, assim como o homem.

Estremece a menina, estremecemos nós, os espectadores. Porque intuímos, encerrado nesse cofre, o elo com o passado mais remoto da Criação e também o destino que a essa Criação aguarda.

Germina em nosso coração o amor apaixonado por Jacira. Neste fugaz instante em que atingiu a plenitude de uma potência mas ainda não foi contaminada por qualquer ato, ela é a Rainha da Criação. E nos contentamos nessa mera contemplação da Virgem, conhecedores de que esse é o único modo de eternizá-la, como se fotografássemos uma miragem que, dentro do nosso cenário interior, perdurará enquanto nós próprios estivermos vivos. Pois a qualquer movimento mais brusco se diluiria a sua imagem, como um reflexo num lago límpido onde se arremessou uma pedra. Quando a água, depois de espraiar-se em círculos concêntricos, por fim se aquietasse, teríamos de novo o corpo e o rosto da Virgem fixados. Porém o tempo haveria seguido seu curso e, ainda que imperceptivelmente, a princípio, Jacira teria sofrido novas metamorfoses.

E eis que, contidos dentro de uma frágil capa de civilização que os faz vir ao Teatro e contemplar sobriamente, encontram-se entre nós alguns sátiros. Trazendo consigo o germe da contaminação, mal sustêm o impulso de serem os primeiros a trespassar a Virgem. De maneira que, misturadas à bênção da chuva, gotas de sangue fizessem o tempo germinar de um modo mais brusco sobre a terra.

Cena 3

Metamorfoses II

O vento abre um corredor entre as nuvens, fazendo ressurgir o sol. Na abóbada do espaço cênico, um arco-íris. Incidem os raios solares diretamente sobre o átrio de uma igreja, onde se encontram duas meninas vestidas para a comunhão. Usam véus e trazem nas mãos missais e terços. A uma certa distância e falando para si mesma — fazendo parte de "outro mundo" — acha-se Jacira, com suas vestes e seus cabelos ainda umedecidos pela chuva. A cada pausa entre as falas, repica levemente um sino.

Jacira (*sonhadora*): — O padre contou hoje a história de uma santa. Era da minha idade e filha mais velha de uma humilde família italiana, habitando uma cidadezinha chamada *Netuno*. Estranho nome, Netuno. Não consigo tirá-lo da cabeça, como se a santinha estivesse não no Paraíso, mas sozinha num planeta deserto. E que de lá ela velasse por nós, as meninas.

1ª Menina: — ... e aí, como penitência, ele ordenou que eu rezasse um rosário. Três terços inteirinhos.

2ª *Menina*: — Puxa, que pecados!

1ª *Menina* (*envaidecida*): — Nem tanto.

2ª *Menina*: — A mim ele perguntou se eu tinha feito coisas feias.

1ª *Menina*: — Sexo?

2ª *Menina* (*orgulhosa*): — Sim, sexo!

1ª *Menina*: — Não vai me dizer que você...

2ª *Menina*: — Desacompanhada não é tão grave.

Jacira: — O nome dela era Maria Goretti. Santa Maria Goretti. Quando o pai morreu ela tinha só dez anos e, como filha mais velha, devia cuidar da casa e dos irmãozinhos enquanto a mãe trabalhava no campo.

1ª *Menina*: — Um sacrilégio é pior do que sexo.

2ª *Menina*: — Foi por isso o rosário?

1ª *Menina* (*sorridente*): — O segredo da confissão é inviolável.

2ª *Menina*: — Não acredito que uma pessoa da nossa idade...

1ª *Menina*: — Foi o que ele me disse. Que se não fosse a minha idade...

2ª *Menina*: — ... seria um sacrilégio...

1ª *Menina* (*com exultante modéstia*): — Sim! Um sacrilégio.

2ª *Menina*: — Mastigou a hóstia?

1ª *Menina*: — Não seja boba.

Jacira: — Na casa de Maria Goretti morava também um rapaz chamado Alessandro.

1ª Menina: — Ele perguntou pra mim também se eu tinha pecado contra a castidade. Acho que ele pergunta isso a todas. Eu disse que não, nunca! "Nada, nada?", ele insistiu. Foi aí que eu contei aquilo. Que quando eu ficava sozinha com ele ali na sacristia sentia umas coisas esquisitas no corpo.

2ª Menina: — O coração batendo e as pernas bambas?

1ª Menina: — Como é que você sabe?

2ª Menina: — Eu fico assim quando ponho as roupas de mamãe... Ou então quando eu fumo escondida.

1ª Menina: — Fumar não é pecado.

2ª Menina: — Eu sei, mas é proibido.

Jacira: — Um dia Alessandro tentou violentar Maria e, como ela resistisse, o rapaz deu-lhe catorze facadas. Ele tinha vinte anos e ela, doze.

1ª Menina: — O padre quis saber por quê e eu disse: que era só quando ele falava comigo em pecar contra a castidade que eu me lembrava de sexo. E sentia aquelas coisas esquisitas. Aí ele me disse que quando eu ficasse assim devia rezar para Santa Maria Goretti. E perguntou se eu conhecia a história da Santa. Eu conhecia, sim, mas disse que não, para ouvir mais uma vez.

Jacira (enlevada): — Antes de morrer, porém, ainda deu tempo de Maria Goretti perdoar o rapaz. Foi por isso que ela foi canonizada. E quando Alessandro saiu da prisão, muitos anos depois, a própria mãe de Maria o perdoou.

2ª Menina: — E o rosário?

1ª Menina: — Eu perguntei ao padre se Alessandro não devia estar no paraíso se todo mundo o perdoou. Ele disse que sim, talvez. Aí eu pensei uma coisa terrível, e como estava ali, me confessando, tinha de contar. Pensei em Alessandro no paraíso bem juntinho de Maria Goretti.

Os sinos repicam mais fortemente, até silenciarem de todo, enquanto se desvanecem, com o arco-íris, as meninas e o átrio da igreja.

Cena 4

Monólogo visual de Roberto

Em cena, o Autor-Diretor. Durante sua fala, irá se constituin-do uma sala de aula, onde entrarão, uma a uma, as três meninas do átrio da igreja, agora vestidas como adolescentes da década de 80, para sentarem-se em carteiras estilizadas. Ao final da fala, já estará em seu posto o Professor (um duplo de Roberto). Vestem-se com figurino idêntico, o Autor-Diretor e o Professor.

Autor-Diretor (anunciando o monólogo que ele mesmo irá proferir):

— Monólogo visual de Roberto: o Futuro.

— Vejo: um relógio com seu mostrador de segundos dispa-rando em direção a uma nova era no tempo. Vejo: garotinhas quase impúberes mascando chicletes enquanto entregam displi-centemente seu corpo. Vejo: uma pequena gota de sangue co-mo se a ponta de um dedo se ferisse no espinho de uma rosa. E ouço: um suspiro que é abafado por metais pesados e guitarras estridentes.

— Vejo: essas meninas a dançar freneticamente com Ro-meus drogados em clubes noturnos perdidos nos becos da noite. Vejo: seus corpos suados marcando nas blusas as pontinhas dos seios. E finalmente é a ela que vejo — a menina em que teria se transformado Jacira, com quinze anos — a partir na motocicleta de um rapaz de blusão de couro.

— Vejo: a abóbada de luz de uma cidade que ficou para trás numa estrada que os engole vertiginosamente. Vejo: os primeiros vaga-lumes e uma estrela que parece ter surgido naquele instante. E ouço: o ruído dos grilos e das árvores atiçadas pelo vento.

— Vejo: num motel de beira de estrada a Virgem na cama de um quarto espelhado com seu vestidinho branco. Vejo: o rapaz que lhe passa um cigarro e diz a ela que trague fundo e prenda a respiração. Vejo: a realidade que se transfigura para a menina, subitamente.

— Vejo: o rapaz a despi-la quase brutalmente. E no entanto a menina apenas se observa, como se ela no espelho fosse uma outra. Deixa que o rapaz a beije e morda na barriga, nos seios, nos pêlos, como se ela não passasse do reflexo de uma representação, indiferente.

— Vejo: a garotinha, com um pequeno gemido, fixar-se na tatuagem no braço do rapaz que a deflora nesse momento. Vejo: naquela tatuagem uma paisagem noturna que parece pertencer a outro espaço e tempo. E onde outra garotinha, nua, é enovelada por uma serpente no poço de uma cachoeira.

— Como parte integrante dessa composição, vejo também a mim próprio, numa cadeira de balanço. Com uma bala alojada na cabeça, desfia através de mim, numa fração de segundo, uma obra inesgotável. E vejo.

Senta-se o Autor-Diretor na penumbra do seu espaço (o seu apartamento, ou camarim). Ilumina-se a sala de aula.

Cena 5

Sala de aula e entrevista com o Autor-Diretor

Três meninas dentro de uma sala de aula vagamente irreal, como se tudo não passasse de uma fantasia do Autor-Diretor (ou de Roberto). Uma delas é estereotipadamente bonita e superficial e traz consigo um gravador. Outra, tipo estudiosa, usa óculos. A terceira é idêntica a Jacira e se mantém, a princípio, orgulhosamente "distante".

Sentadas em suas carteiras, numa atitude descuidada, elas têm um ou outro botão da blusa desabotoado e também deixam entrever parte das coxas, para onde o Professor (o duplo de Roberto) lança dissimuladamente olhares.

Sobre as carteiras, blocos ou cadernos contendo, presumivelmente, anotações da entrevista com o Autor-Diretor.

1ª *Menina, a "bonita" (monocordicamente no meio de uma frase, sem nenhuma inflexão, como se houvesse decorado uma declaração do Autor-Diretor):* — ... porque é o tempo uma sucessão ininterrupta, nunca se conseguiu agarrar um instante sequer, a não ser em fotografias ou livros ou quadros. Daí, além de toda vaidade humana, a necessidade da Arte, que aliás é também uma ilusão inócua diante da morte, a única realidade.

Professor (em tom de argüição): — E esta? Não é uma obra de arte?

Menina de Óculos: — Sim, porém diferente. Algo como um canto longínquo, uma invocação. Um "orikí nagô".

Menina Bonita (num tom mortiço, pronunciando as palavras com dificuldade e traduzindo-as a seguir): — "Ikú rèé idágìrí." Isto é morte, algo que aterroriza.

Menina de Óculos (mais desenvolta): — "Ijùkú Ágbé Gbá." Inabitado país da morte, vivemos e nele iremos ser recebidos.

Professor (dirigindo-se à Menina de Óculos, mas olhando enviesadamente para a sósia de Jacira): — Algo então a ver com o negro?

Menina de Óculos (pensativa): — Sim, o negro, talvez. Que, como todos, pode-se considerar um dos centros dos acontecimentos. Ou não passar de um espírito ou projeção fantasmagórica que se manifesta no cenário da representação.

Professor (com um olhar penetrante para a 3ª Menina): — E Jacira?

3ª Menina, a sósia de Jacira (algo arrogante): — Quem sabe um espectro projetado no crepúsculo, como um arco-íris?

Menina Bonita (insegura): — A manifestação de um desejo de amor absoluto por parte do Poeta?

Professor (em tom de provocação): — No entanto, se o Poeta morre, deve desaparecer com ele o seu desejo.

3ª Menina (autoconfiante e também provocadora): — Mas a força de um desejo assim tão absoluto talvez possa pairar para sempre, numa espécie de limbo cósmico, à espera de novamente manifestar-se. Algo assim como uma estrela que parece apagada e extinta, mas cuja luz, subitamente, surge diante de nós de forma cintilante.

Professor (pensativo): — Como a Poesia, então, cujas ondas perdidas no espaço já preexistem ao Poeta, cuja função não é mais do que sintonizá-las. Como um solitário astrônomo em seu observatório, que de repente capta a luz de uma nova estrela.

3ª Menina (ainda arrogante): — Não se poderia também dizer de outro modo? Que é a menina-estrela *(ironicamente)*, a "musa", lá em cima, quem subitamente dá a luz ao Poeta e, conseqüentemente, ao seu sonho e ao seu desejo, que se dirigem a ela própria, a menina...

Menina de Óculos: — O Poeta, então, não seria criador, mas criatura. E o seu desejo nunca chega a satisfazer-se, como a Poesia que não pode realizar-se, a não ser, talvez...

Menina Bonita (depressa e excitada): — Com a morte!

Professor (mal disfarçando a excitação): — Ele disse isso, o Autor?

Menina de Óculos (consultando seus apontamentos): — Sim, ele disse. Disse também que, ao escrevê-la, o Poeta mata a Poesia, como o ar ou a luz que de repente se extinguissem pelo desejo de aprisioná-los.

Professor (ansioso): — E o que mais ele disse?

Ilumina-se o espaço do Autor-Diretor.

Autor-Diretor (enfático, exagerado, levantando-se): — A Política não tem a menor importância.

Com uma naturalidade estudada, displicente, ele tira um maço do bolso e oferece cigarros às meninas.

As carteiras terão se transformado num sofá (para duas) e numa poltrona à parte (para a sósia de Jacira). Ensombrece-se o espaço do Professor, que pega seu diário de classe e sai.

A Menina Bonita está com o gravador. A de Óculos tomará notas.

Menina Bonita: — Não, obrigada. A gente não fuma.

Autor-Diretor: — Uma coca-cola, então.

Menina Bonita: — Sim, uma coca-cola.

Menina de Óculos: — Uma coca-cola.

Quase clandestinamente, já terá surgido num canto do palco um mordomo (ou contra-regra) negro, com uma bandeja com três coca-colas e canudinhos. Enquanto serve as meninas, ele se mostra discretamente atento ao que se passa.

3ª Menina (nervosa, presumivelmente por causa do negro): — Eu aceito o cigarro.

O Autor-Diretor acende o cigarro dela, que fuma desajeitadamente. Ela recusará o refrigerante. Sai o contra-regra negro.

Autor-Diretor: — Vocês sabem que eu não costumo receber ninguém, não sabem?

Menina de Óculos: — Sim, o professor disse isso.

Autor-Diretor: — E o que mais ele disse?

Menina Bonita (deliberadamente cândida): — Que talvez a nós o senhor recebesse.

Autor-Diretor (fazendo-se de desentendido): — E por quê?

Menina Bonita (maliciosamente): — Palpite.

Menina de Óculos (incomodada, procurando desviar o assunto. É a que mais assume o papel de entrevistadora): — Se a Política não tem a menor importância, então o que teria importância?

Autor-Diretor (displicentemente): — A Religião, talvez. Porque trata essencialmente da morte.

Menina de Óculos (tomando notas): — A única realidade.

Autor-Diretor: — Perfeito!

Menina de Óculos: — Mas a Igreja não tem se preocupado, nos tempos mais recentes, com os problemas da Sociedade?

Autor-Diretor: — Trata-se, no fundo, de uma deturpação utilitária. Os seguidores de Cristo foram serenos e felizes porque viveram num plano de castidade, pobreza e Morte.

3ª Menina: — "Castidade" não é uma expressão forte demais para a sua peça?

Autor-Diretor: — Não, pelo contrário. A grande sensualidade é a não consumação do "Ato".

3ª Menina sorri, satisfeita com a resposta.

Menina Bonita (subitamente iluminada): — Ah, entendi. Como a Poesia.

Autor-Diretor: — Sim, muito bem. Como a Poesia.

Menina de Óculos (bem séria): — E o amor, como é que fica? A vontade de um corpo estar no outro?

Autor-Diretor: — Já o experimentei muitas vezes. O sexo é mais uma tentativa do ser humano de fundir-se com o todo. Um instante entre a vida mais plena e a morte. (*Sonhador.*) Um ligeiro frêmito, que logo passa.

Menina Bonita: — E o homossexualismo?

Autor-Diretor: — Pode ser belo, quando casto.

Menina de Óculos: — Uma pergunta meio paralela: o que me diz de Sade?

Autor-Diretor: — Ora, o Marquês era um porco.

3ª Menina (quase imperceptivelmente irônica): — E os rumores... com as meninas? Com as atrizes, quero dizer.

Autor-Diretor (lisonjeado): — Rumores, você sabe, nunca chegam aos ouvidos do interessado.

3ª Menina: — Que você e elas teriam sempre um relacionamento... mais... íntimo.

Autor-Diretor (embora ainda lisonjeado): — Nada, são quase todas muito velhas para o que eu quero. Apenas peço que se dispam (*lançando um olhar dúbio para as meninas*) e façam isso ou aquilo. Para ver se... servem. O andar, os gestos, o tamanho dos seios, a brancura da pele. É tudo muito profissional.

O olhar do Autor-Diretor se fixa na 3ª Menina.

Menina de Óculos (novamente tentando mudar o rumo da conversa): — Por falar nisso, e os outros rumores... profissionais?

Autor-Diretor (algo desafiador): — Que tipo de rumores?

Menina de Óculos: — Os de que sua peça nunca será definitivamente acabada.

Autor-Diretor (andando e gesticulando, excitado): — É bastante possível. Porque há sempre novas idéias, a utilização de várias "mídias": filmes, holografias, cheiros, sons. (*Mais introspectivo, acalmando-se.*) Uma certa lassidão, a suave monotonia de uma sala de aula. Uma nesga de sol a penetrar pela janela, deixando ver, pairando, ínfimas partículas de poeira e de giz. Uma gota de suor prestes a pingar do rosto de uma menina. (*Novamente empolgado.*) As visões e sensações de Roberto! E também do Negro. Ou talvez possamos estabelecer com o público um relacionamento despojado, quase telepático. Consultaremos especialistas, médiuns, o diabo.

Menina Bonita (*assustada*): — O diabo?

Autor-Diretor (*entrando no jogo de assustá-la*): — Era uma força de expressão, mas sabe-se lá?

Menina de Óculos: — Alguns críticos o têm acusado de voltar-se cada vez mais para dentro, para o seu próprio universo. Para a expressão de algo impossível.

Autor-Diretor: — De qualquer modo, se for um defeito, não pretendo corrigi-lo, mas exacerbá-lo. Mais uma volta no parafuso. A junção do micro e do macrocosmo. A todos os atos e pensamentos humanos, uma correspondência cósmica. Aliás, não tinha pensado nisso até este instante. Às vezes me parece que as palavras me precedem. Como um ditado vindo de outras paragens. É algo de vivo, compreende?

Menina de Óculos: — Não é paradoxal dizer isso quando se trata da morte?

Autor-Diretor: — Que seja, um paradoxo.

3ª Menina (*sonhadora, com um ar de cumplicidade*): — Como a sensualidade casta... de um ato nunca... consumado.

O Autor-Diretor olha para ela, agradecido.

3ª Menina: — E portanto um permanente...

Autor-Diretor (*aproximando-se dela e encarando-a, face a face*): — Vamos, diga! Um permanente...

3ª Menina (*suspirando*): — Um permanente... orgasmo.

Congela-se a cena, ligeiramente ensombrecida.

Cena 6

Carta de despedida de Roberto

Ao toque suave de um clarim, entra em cena um arauto. Desenrolando um pergaminho, proclama:

"Carta de despedida de Roberto".

— A quem interessar possa:

Durante anos, nos raios de sol que penetravam obliquamente em meu quarto, pela janela entreaberta, eu via pairar pequenas partículas e micróbios e dizia a mim mesmo, nauseado: eis a vida. E um dos meus pequenos consolos era vislumbrar a possibilidade de transfiguração dessa vida em beleza, através da Poesia.

Fracasso absoluto.

Nas tardes áridas, fazia eu pingar sobre as folhas em branco as gotas do meu desespero. Não passava, mesmo o melhor poema, de um débil arremedo do entardecer que melhor se conformava ao meu espírito: o cantar das cigarras, uma cantiga de roda no crepúsculo e finalmente ela, Jacira.

De tal composição, porém, que ali se configurava, fluida e passageiramente, nenhuma palavra seria suficientemente digna. Só restava a mim, portanto, cristalizá-la do único modo possível.

Para tanto, seria necessário que se reunissem os demais elementos do indispensável acaso: um motorista afoito; a menina pulando corda para apaziguar sua inquietude; eu próprio, à janela, como um maestro e, por fim, o negro, se ele não for apenas uma sombra projetada pelos porcos que habitam esta rua.

Se não posso afirmar, orgulhosamente, que fui eu quem os dispôs ali, no cenário, é porque toda obra no Universo já se acha antecipadamente inscrita. Mas cabe ao artista sintonizá-la e cumpri-la. E, sendo eu o Artista, esta terá sido a minha obra magna, a que só falta uma pincelada de acabamento.

Como quem, depois de um sufocante mormaço, busca a aragem de uma noite chuvosa, atravessarei agora o ínfimo limite que dela, Jacira, me separa.

Roberto.

Escuta-se um tiro, escuridão, final do 2º Ato.

III
AGRURAS DE UM AUTOR-DIRETOR

1. A *Torre de Marfim*

O modesto apartamento do Autor-Diretor ocupa o vigési-
mo primeiro andar de um prédio. Ele acaba de subir pelo ele-
vador, onde evitou encarar os outros moradores que com ele
compartilharam parte da escalada. O Autor-Diretor sente uma
vergonha e culpa vagamente inexplicáveis, apenas por ser ele
quem é, naquele prédio, algo assim como quem chegasse diaria-
mente da rua depois de cometer os mais variados crimes. Por
que, então, não se muda para um edifício mais esculhambado
e menos classe média, onde conviveria com outros artistas — ou
criminosos — da sua espécie? Principalmente por duas razões:
uma delas é que as providências e os aborrecimentos de uma
mudança o deixariam tão angustiado que ele se tornaria, por
muitos dias, totalmente imprestável para o trabalho. E o preço
de uma interrupção, agora, significaria entregar-se sem escapa-
tória a um processo depressivo, com riscos de internamento e
até de suicídio. Pois o Autor-Diretor sente na própria carne o
que cria e sua válvula de escape é concretizar o trabalho, liber-
tando-se dele.

A outra dessas razões — pela qual ele não se muda dali — é que no topo daquele edifício, em Botafogo, o Autor-Diretor dispõe de uma visão fantástica da cidade. Subindo-se, do seu apartamento, por uma escadinha de ferro, vai-se ter a um pequeno terraço de onde se abre um panorama de 360 graus sobre a cidade, alcançando até o mar.

Agora o Autor-Diretor girou a chave e entrou em casa. Há uma atmosfera característica — quase um cheiro — ali, de apartamento de homem sozinho e desleixado, mas depois de três casamentos desfeitos o Autor-Diretor se julga definitivamente imprestável para uma convivência mais prolongada.

Duas vezes por semana vem uma mulher fazer a faxina, lavar a roupa e cozinhar alguma coisa para o Autor-Diretor. Como ela já não vem há dois dias, ele pensa, enfastiado, que terá de requentar pela terceira vez a macarronada com salsicha e milho de lata.

O Autor-Diretor chegou a pensar em comer num restaurante chinês — comida que ele adora —, mas viu com ciúme que todos do elenco iam a uma festinha, coisa que ele detesta. E também temia jantar sozinho em restaurantes, como se das outras mesas lhe lançassem olhares. Fora isso, uma angustiada inquietação o oprime hoje mais do que habitualmente: a sensação de que alguma idéia proveitosa para a peça está na iminência de vir à tona, mas algum bloqueio a impede. E o Autor-Diretor tem uma tênue esperança de que ali, sozinho em sua Torre, de repente a idéia brote e ele possa anotá-la febrilmente e depois dormir em paz, ao menos por aquela noite. Mas se isso não acontecer — o que ele, pessimista, acha provável —, irá sofrer desesperadamente com sua impotência, que ele sempre toma como definitiva, irreversível.

E agora, depois de pôr o macarrão no forno, ele está ali sentado no sofá com o forro todo rasgado, diante da parede branca e *livre de qualquer abominação artística* (frase que tomou emprestada de Baudelaire), pois o Autor-Diretor acha que os adornos no ambiente servem apenas para tirar a concentração de uma pessoa do trabalho. A única coisa que sobrevive nas paredes é uma foto ampliada de uma antiga representação dirigida por ele e que vai se esmaecendo com o tempo, lembrando ao Autor-Diretor que o teatro é uma coisa tão passageira que tem de ser tão boa que permaneça para sempre na memória das pessoas. E mesmo assim todos os espectadores acabam por morrer um dia, o que só faz aumentar a angústia do Autor-Diretor, razão pela qual ele decidiu se transformar de simples Diretor em Autor-Diretor. E tenta escrever uma peça que se desdobre indefinidamente na cabeça das pessoas, embora, à medida que essa peça avança, ele tema cada vez mais que ela não seja encenável a não ser em sua própria cabeça.

O desespero do Autor-Diretor vai-se espraiando, agora, na proporção direta em que quanto mais ele luta para que a Cena *Xis* irrompa em sua mente, mais ela parece distanciar-se. Como se a mente se dissociasse em duas: aquela que quer e aquela que nega.

O Autor-Diretor foi arrancado do seu desespero pela campainha da porta. Ele a ouviu tocar e levantou-se, pensando tratar-se do porteiro trazendo alguma conta ou, quem sabe (uma frágil esperança se acende), alguma carta boa? Possivelmente do estrangeiro, contendo talvez uma proposta gratificante para o seu ego — ainda que ele se veja obrigado a recusá-la — ou mesmo um ensaio crítico elogioso a respeito de alguma antiga encenação sua, da época em que ainda se dedicava a um teatro mais convencional e costumava ser chamado de *um diretor muito competente*, o que em geral o irritava, por contraste com suas verdadeiras pretensões. Além disso, os elogios — tão logo saciada a vaidade, o que não demorava muito — acabavam por aumentar a angústia do Autor-Diretor, que, nunca havendo se libertado completamente da incômoda sensação de ser um impostor, via-se na obrigação de corresponder a eles.

O Autor-Diretor era um neurótico acabado e, na sua idade, não tinha nem mesmo a esperança de curar-se: já ultrapassara, segundo seu próprio critério, o ponto de não-retorno; então só lhe restava ir sempre em frente, no lodo do pântano, para não submergir, imediata e verticalmente, até o fundo. Tudo isso com a esperança insensata de que, para além daquele inferno, poderia encontrar-se um território mítico, paradisíaco. Eis por que se tornava imperioso inventar a Cena *Xis*.

O estopim tortuoso da Cena *Xis* surgiu de uma surpresa não tão surpreendente assim, como no *teatrão de bulevar*. Quem está à porta é uma vizinha de prédio que, sob os mais variados pretextos, como, por exemplo, pedir um pouco de sal emprestado, aparece ali de tempos em tempos. E, quando não enxotada rapidamente, deixa-se possuir às pressas pelo Autor-Diretor, pois temem, ambos, ser surpreendidos pelo marido dela, e por isso mesmo o Autor-Diretor está sempre pensando em desfazer-se definitivamente daquela ligação.

Mas é essa iminência mesma — de ser a última trepada —, e também o medo e a pressa, que dão o maior tesão ao Autor-Diretor. E aquela ligação para ele acaba por ter certas vantagens: sua vizinha já perdeu todos os escrúpulos de ser comida às pressas e sem amor, pois precisa sempre ir embora logo e não tem nenhuma esperança — ou talvez nem mesmo desejo — de que um *romance* se estabeleça entre os dois. Fora isso, ela já se acostumou com as esquisitices dele, sua franqueza e suas fantasias e, no fundo, sabe até que se viciou naquelas pequenas perversões. Uma delas é que nunca deve tirar os óculos. Quando um dia, candidamente, perguntou por quê, obteve a seguinte resposta:

— É que assim você me faz lembrar de alguém imaginário. E, com esses óculos, fica com uma aparência de colegial séria e estudiosa, embora eu a faça comportar-se como uma prostituta.

Ela riu timidamente e disse:

— Então o que quer que eu faça?

Ele pediu a ela que fizesse o seguinte: que se deitasse no sofá, vestida como estava, em silêncio e de olhos fechados, ao que ela se submeteu prontamente. Então ele chegou perto dela, levantou-lhe o vestido até a cintura, desceu-lhe a calcinha até os joelhos, lambeu-a o suficiente para que ela ficasse molhada e comeu-a rapidamente. Logo depois levantou-se e foi para uma poltrona, olhando a mulher masturbar-se para terminar o que ele havia começado.

Quando ela terminou, ele disse, um pouco antes de pedir que fosse embora:

— Sou um homem de quarenta e seis anos, gasto e cansado. Bebi e fumei demais durante a minha vida, enquanto todos na cidade estão falando em saúde da mente e do corpo e fazendo ginástica. Gosto de dias cinzentos e chuvosos, ainda que na rua haja milhares de pobres sentindo frio. Por coerência comigo mesmo, não posso nem me considerar politicamente um revolucionário. Entediei-me sexualmente depois de tanto ter trepado e de ver, nas coxias dos teatros, todas aquelas atrizes andando nuas de um lado para outro no meio de um monte de veados. Sou um cara triste e sozinho, não tenho o menor respeito por mim mesmo e pelos outros, estou em vias de me tornar um velho filho-da-puta e devasso. Só me resta criar coisas bonitas, pois a beleza — a beleza maldita — me redime. Sou um artista. Minhas obras são doentes e sofridas, mas não posso parar de fazê-las, porque para mim seria a morte.

Desde então ficou mais ou menos combinado entre eles, de forma tácita, que ela nunca deve tirar inteiramente a roupa, preparando-se convencionalmente para o ato sexual. Este deve acontecer, sempre, numa espécie de acaso ligeiramente preparado, mas abrupto...

— O meu marido... — ela disse, assim que ele abriu a porta.

— O que tem seu marido? — ele perguntou, preocupado.

— Nada, ele foi a um jogo de futebol e eu pensei que...

— Pensou que...? — ele disse, agora na defensiva.

— Nada. Que talvez eu pudesse vir aqui e pegar um pouco de gelo.

— Entre — ele disse, e só então reparou que ela trazia nas mãos um pequeno balde.

A primeira coisa que o Autor-Diretor fez, na cozinha, foi desligar o forno. O Autor-Diretor era um homem astucioso e malévolo. Não estava a fim de jantar com a vizinha, principalmente se eles já tivessem trepado.

Ela não demonstrou importar-se nem um pouco com isso. Havia deixado o balde de gelo sobre a pia e, como se fosse uma obrigação feminina, começou a lavar a louça suja.

O Autor-Diretor olhou para ela assim de costas e gostou da cena.

"Sou um homem antigo", pensou, enquanto arrastava um banquinho para sentar-se logo atrás dela. "Uma mulher assim, com seu vestido simples e caseiro e lavando a louça de um homem que pouco se importa com ela, enquanto o marido foi a um jogo noturno (ou foi essa a mentira que pregou para ela), tal cena me excita, pois para mim o sexo sempre teve de se envolver numa atmosfera de pecado."

O Autor-Diretor havia levantado displicentemente o vestido dela, para ver-lhe a calcinha, quando ela, como se dialogasse com os pensamentos dele, disse:

— O meu marido, sabe, não é má pessoa. Só um pouco sério demais.

Para falar, ela se virara ligeiramente, mexendo um pouco as pernas, de modo que ele pôde enfiar uma das mãos entre suas coxas, sentindo-lhe a umidade morna do sexo.

— Você se sente culpada?

— Sim, me sinto — ela disse, séria, enquanto, de novo virada para a pia, lavava lentamente os talheres e, com movimentos bem precisos, fazia com que a mão dele a friccionasse bem no meio das pernas.

Ele quase chegou a lhe dizer que "se fosse ela não confiaria assim tão cegamente que o marido fora ao futebol. Esse é um tipo de desculpa muito comum em certo tipo de homem para se encontrar com a amante".

O Autor-Diretor preferiu não dizer nada. Tinha um vago pressentimento de que aquilo poderia estragar sua relação com a vizinha. Um pressentimento de que ela, por exemplo, enciumada, sentiria renascer em si o interesse pelo marido. E se tornaria mais agressiva com ele, o Autor-Diretor, não gemendo assim tão sofridamente e para dentro quando ele, como agora, enfiava seus dedos dentro da calcinha dela, enquanto, com a outra mão, desabotoava a própria calça. O Autor-Diretor não teve dúvidas: a timidez culposa dela era uma das coisas que mais o excitavam, mesmo que ela já não fosse mais uma garotinha.

A louça toda já estava limpa, mas ela continuava quietinha, com um prato na mão sob o jato d'água, como se um gesto seu pudesse estragar tudo.

O Autor-Diretor baixou a calcinha dela e, devagar, a foi trazendo, ela ainda com o prato na mão, para o seu colo. Arrastando o banquinho um pouco para trás, ele firmou as costas na geladeira e penetrou nela assim, deixando que ela movimentasse os quadris à vontade, encaminhando-se para gozar. Sentiu-se, desse modo, quase um altruísta, e monologou interiormente, porque isso também retardava o seu gozo:

"Ah, sexo, força misteriosa que brota de regiões sepultadas (e não será isso uma forma de amor?). Entre todas as diferenças que nos separam — eu e esta mulher — existe algo que nos faz funcionar perfeitamente um com o outro e ambos sabemos disso e apenas obedecemos cegamente a tal força que nos é quase impossível explicar em palavras, pois talvez só possa exprimir-se de outro modo."

E, sim, a expressão de tal mistério veio não só através dos gemidos contidos dele e dela, como se gritassem para dentro, mas também exteriorizou-se no que o Autor-Diretor considerou que era um mágico e necessário acontecimento: ao atingirem os dois o seu limite, ela deixou que o prato escorregasse de suas mãos e se partisse no chão em estilhaços, enquanto suplicava: "Oh, desculpe; desculpe".

Como o Motorista em seu espetáculo, o Autor-Diretor ergueu a mulher inerte em seus braços. E depois a transportou até o sofá, onde a depositou delicadamente, não sem antes pedir que ela permanecesse assim, quieta, com a calcinha nos joelhos e a saia levantada.

E agora, enquanto toma à mesa um pouco de vinho tinto, o Autor-Diretor contempla a sua cena, produzindo para si mesmo o seguinte monólogo:

"Ora vejam só, isso que às vezes me intimida, essa caverna de uma mulher adulta, entreaberta, hoje me extasia, o mistério que ali se oferece, o negror de antes ou depois da vida. Minha ereção não cede e eu poderia gozar outra vez, mas isso apaziguaria a libido dessa obra que se materializa ao meu redor e independente de mim, enquanto bebo um gole de vinho à espera do meu macarrão requentado, o que me transporta à austeridade sensual de uma adolescência numa casa simples num bairro de São Paulo.

"Julgo que não sou propriamente um autor ou diretor de teatro, mas antes um pintor com características bem especiais, pois apenas sintonizo — e às vezes fabrico — atmosferas, para depois transpô-las ou não para o palco, na forma de um quadro em ligeiro movimento como um presépio mecânico, numa cena belamente monótona e silenciosa.

"Quadros que são passíveis de nos mostrar não apenas o interior entre as paredes deste palco ou sala, mas que nos transportam até imagens, movimentos, sons e mesmo cheiros que se encontram muito além de tal cenário, dentro de nós mesmos ou fora.

"Aqui, nesta sala, as folhas de um jornal (contendo tantas outras tragédias) farfalham desleixadamente no assoalho por causa de uma leve aragem que sopra da janela, junto à qual, pendendo dos ganchos, plantas murcham nos vasos por causa da minha simples inércia de regá-las. A última mulher que comigo morou chegou a comprar pano para uma cortina, mas foi embora antes de arrematá-la. Ela tinha uma máquina de costura, e dessa mulher restam uma calcinha e um vestido em meu armário. É belo isso, roupas de mulher deixadas para trás num armário. Às vezes as pego e as cheiro e isso me excita tremendamente, como se eu a tivesse, a mulher, ali comigo — e me bastasse!

"Porém é através dessa janela sem cortina que chega até mim — e aos supostos espectadores — o negro da noite onde podemos inscrever tudo. Os sons, a auréola de luz, o clima dramático de uma cidade de que, deste ângulo, não podemos avistar mais do que as torres e os astros celestes que sobre elas pairam entre nuvens que agora se formam; mas, por algum sentido oculto, podemos captar, como um todo, as pulsações e os dramas desta cidade.

87

"Dramas que abrangem não só este momento presente em sua permanente transição mas também o passado e suas infindáveis histórias, como a de uma menina caída no asfalto de uma rua de bairro, igual a uma boneca de carne.

"Também a mulher, lindamente estatelada e descomposta sobre o sofá, é uma boneca de carne cujos movimentos são apenas os da respiração. Sua seminudez e os cabelos caindo sobre o rosto de óculos fornecem-lhe um ar de violência consumada, morta. No entanto em seu íntimo, de plena posse de uma consciência, como uma atriz, ela goza deste olhar que a devassa e a transforma em *obra*.

"Esta é a minha composição, minha obra. A Cena *Xis*... Que só terá se desenrolado para mim, em meu palco particular e sem limites. Daqui a pouco irei desfazê-la, pois a mulher deve ir embora. Mas antes disso, dentro desta composição, posso ver também a mim próprio, envolvido pelo suavíssimo efeito do vinho tinto e tudo o que de indizível dele emana. Um leve aroma de comida de forno penetra em meu quadro, misturado ao odor do húmus da noite e ao cheiro de sexo. Um estranho inseto se introduziu pela janela e agora passeia pela parede. Sinal de que deve vir chuva, talvez uma tempestade. Que bom. Também o Cristo Redentor é neste momento encoberto. Não é de todo impossível que as nuvens, se baixarem ainda mais, envolvam até a minha Torre. Amanhã convidarei a todos do elenco para jantar num restaurante chinês."

2. No restaurante chinês

O céu e a terra são imperecíveis, disse o Maître, à porta, depois de haver feito soar um gongo:

Se são imperecíveis é porque não dão vida a si mesmos.
E assim sendo, têm longa duração.
Por isso o sábio se coloca em último lugar
e chega na frente de todos.
Quando esquece suas finalidades egoístas
conquista a perfeição que nunca buscou.

Beatriz, a virgem morta, era carnívora e pediu *Ku Lao Jou*. A vibração do gongo ainda ressoava misteriosamente na cabeça de todos e Josiel, o negro, pediu *Shieh Pao Hsia*, camarões "à branca de neve". Ao lado do nome de cada prato, escrito em chinês fonético, vinha sua tradução e um desenho explícito, bastante apetitoso. Frederico, o poeta pálido, queria *Tan hua Tang*, uma sopa florida de ovos e galinha desfiada, com cogumelos e brotos de bambu. Disse que o cardápio deveria ser gravado em ideogramas, de modo a oferecer uma idéia não apenas física mas espiritual do alimento. Algo que os transportasse a outeiros, ao entardecer, com o vento fazendo vergar as hastes delgadas dos bambus.

Tornava-se Frederico cada vez mais frágil e espiritual ele próprio, pensou o Autor-Diretor. Uma visão incorpórea, justo o que eu tenho em mente para Roberto. Mas o excesso de frescura no outro o irritava e ele retrucou:

— O orientalismo, no Ocidente, deve vir na medida exata para tornar ainda mais caótica a nossa cultura suicida. Será nos extremos desta nossa cultura que alcançaremos, a nosso modo, a iluminação. Veja essa lanterna cheia de franjas alaranjadas sobre a sua cabeça, Frederico, para não falar nos indefectíveis dragões e em todas essas folhas e ramos delicados na parede, destoando do alarido de uma sexta à noite logo ali na galeria Alaska. É tudo tão falso quanto a garçonete com seus passinhos miúdos e seus olhos rasgados pela maquilagem. E se examinar cuidadosamente o Maître que nos recitou a bela passagem do *Tao-Té-Ching*, verá que também é falso. Não o *Ching*, evidentemente, mas o Maître. É provavelmente paulista e japonês. Mas não tire disso conclusões precipitadas: é nessa falsidade que se acha o encanto dos restaurantes chineses do Ocidente, como se estivéssemos no Teatro. Pois o que importa a aparência de que se reveste momentaneamente Buda?

Josiel, o negro, levantou-se e, imitando o Maître, recitou:

É preciso o brilho da pérola falsa
para que se ilumine o recôndito no ventre da ostra.
No teatro, se buscais a verdade, devereis mentir.

Josiel sentou-se, entre aplausos, diante do olhar atônito dos outros fregueses. Sob a supervisão impassível do Maître, a garçonete servia a Madalena, numa das cabeceiras da mesa, uma sopa *Woo-See Lan*. Madalena era vegetariana e também se tornava cada vez mais espiritual e delicada, incorporando o filho postiço, Roberto, como se ambos já houvessem se libertado do corpo, essa carcaça incômoda.

Quebrando tamanha espiritualidade, Antônio Carlos, o Motorista, pediu em pleno restaurante Flor de Lótus uma cerveja e uma cachaça. Todos o olharam estarrecidos, como se Antônio Carlos tivesse acabado de espatifar um vaso de porcelana da dinastia Shang. Porém o Maître, com um sorriso benevolente, foi atender em pessoa ao pedido do Motorista.

Sim, estavam no teatro e Beatriz, a virgem lânguida, dera um jeito de sentar-se bem ao lado daquele que faria sua pele branquíssima cintilar como uma estrela incandescente: Josiel, o Negro.

Mas não tinha importância, pensou o Autor-Diretor, pois ele estava com outros planos para aquela noite. Dirigindo-se a Sílvia, a menina de óculos, a seu lado, perguntou:

— Sabe por que eu gosto dos dragões?

— Porque cospem fogo? — disse ela, maliciosamente.

— Não, porque se trata de um animal inexistente, que projetamos na natureza à imagem e semelhança de nossas fantasias, embora fosse observando as ossadas de dinossauros, ou mostrengos do gênero, provavelmente, que os antigos imaginaram os dragões.

O Autor-Diretor tocava agora de leve na perna de Sílvia, mas suas próximas palavras visavam a impressionar um outro destinatário, o Maître, que se aproximava trazendo numa bandeja de laca a cerveja e a cachaça do Motorista:

— Também aquilo que nós, os ocidentais, chamamos de *O Oriente* não passa de uma região imaginária que projetamos como contraponto ao nosso barbarismo racionalista e tecnológico, que terminamos por exportar para eles, os orientais, transformando-os em ávidos consumidores e fabricantes de eletrodomésticos. O verdadeiro *Oriente*, esse jamais chegaremos a conhecer e jamais voltará a existir.

O Autor-Diretor agora se dirigia a toda a mesa, enquanto o Maître se afastava discretamente:

— Mas não tirem conclusões precipitadas. De tudo isso surgirá *rien, ou presque un art*, interessantíssimo, de onde estará ausente a natureza e talvez até o humano, a manifestar-se eletronicamente, como os ideogramas da nossa era.

Nesse exato instante o sistema de som do Flor de Lótus espalhou pelo recinto os acordes de *Tokyo Traffic*, de Dave Brubeck, que o Autor-Diretor poderia ter escolhido como pano de fundo para suas últimas palavras. O Maître se mantinha falsamente ausente ao lado do toca-fitas e o Autor-Diretor ergueu-lhe um brinde de agradecimento, que depois estendeu a todos, na mesa:

"Carne da minha carne, sangue do meu sangue, alma da minha alma", pronunciou interiormente. O vinho já subia levemente à sua cabeça e ele sentiu uma onipotência carinhosa diante das suas criaturas, que no entanto, muitas vezes, pareciam escapar-lhe das mãos.

Como se adivinhasse tais pensamentos, o Maître deu dois passos à frente e, por sua vez, pronunciou:

Honrar o Tao e exaltar o seu fluir não é o resultado de qualquer lei coercitiva, mas de um tributo espontâneo.
Assim, o Tao produz todas as coisas, nutre-as e as leva ao pleno crescimento, completa-as, amadurece, mantém e difunde.
Ele as produz e em troca não exige qualquer posse
Guia-as no seu processo, mas não exerce autoridade alguma.
Essa se chama a operação misteriosa.

Fez o Maître uma curvatura quase imperceptível e depois, modestamente, retirou-se para a cozinha.

Um gongo pareceu ressoar dentro da cabeça do Autor-Diretor e ele se viu tomado por uma iluminação.

À sua frente, na outra cabeceira, Madalena tornava-se cada vez mais bela e incorpórea, muito além do pensado para sua personagem, a princípio, pelo Autor-Diretor. E ele podia vê-la num palco sem limites, um quarto sem paredes, jogando com o filho um jogo de golpes e contragolpes, atração e repulsa, onde cada um era o espelho do outro e mutuamente queriam devorar-se, buscando o aniquilamento que é o gozo perfeito, o não-diferenciado, o nenhum espelho possível.

Madalena, a mãe, podia ser vista também como uma aranha estranguladora, tanto mais perigosa quanto mais sedutora se tornasse. E através da transparência da sua pele — feita de contenções e dietas hipocondríaco-macrobióticas — o Autor-Diretor viu aquele corpo deformar-se, de repente, numa voracidade gelatinosa, expelindo do seu ventre bonecos humanos para depois novamente tragá-los, no meio do aperto de braços e corpos e gritos sufocados, como se no interior daquele ventre uma cena de múltiplos desdobramentos se engendrasse. E o Autor-Diretor viu-se acometido de um inequívoco tesão por Madalena, que infelizmente estava muito distante para que ele pudesse tocá-la. Mas era na mata espessa do sexo dela que ele vislumbrava uma clareira onde guerreiros negros dançavam uma dança sensual e selvagem ao redor da virgem desfalecida, loura e nua, vigiada das profundezas mais uterinas pelo olhar cadavericamente belo do Poeta. Enquanto isso, parecendo provir dos mais clandestinos bares noturnos perdidos em becos urbanos, ouvia-se o som de um sax que o Autor-Diretor presumia tocado por Josiel. E eis que os guerreiros se digladiavam pela Virgem, até caírem, um a um, a seus pés, como se fosse ela a favorita de uma entidade onipotente, que a protegia com seu ciúme.

O Autor-Diretor estava levemente embriagado e sua peça agregava-se e desagregava-se continuamente em seu palco interior, formando novas e infinitas possibilidades de cenas e combinações, de modo que, se ele um dia a encenasse, tê-la-ia imobilizado como um cadáver.

E nesse palco o Autor-Diretor viu de novo a si próprio, não sabendo se engendrara tamanho monstro ou fora por ele engendrado, de modo a cumprir uma marcação que lhe destinava, naquele momento, estar precisamente ali, à cabeceira de uma mesa num restaurante chinês, no meio de suas criaturas e das inúmeras relações que entre elas poderiam se estabelecer em sua mente febril ou mesmo independentemente dela.

E o Autor-Diretor viu ainda mais: como se tivesse diante de si uma bola de cristal, viu a peregrinação de Antônio Carlos, o Motorista, naquela madrugada e em outras que ainda estavam por vir, em busca de um oásis onde pudesse mergulhar seu corpo e que não poderia ser mais do que o entrepernas de uma puta, qualquer puta, mas quando ele estivesse bêbado o suficiente para fantasiar ali um regaço que fosse como o de Beatriz ou de Madalena ou de todas as outras — que se recusavam terminantemente a dar para ele, de quem tinham medo — e onde ele quereria descansar para sempre numa paz inacessível aos malditos.

O mal de Antônio Carlos, pensou o Autor-Diretor, é que ele se levava a sério e à representação daquilo que tomava como a Realidade, a sua realidade, cumprindo também na vida um personagem cuja sina era arrebentar-se. E no entanto, sem o saber, ele estaria sendo usado como único ator naturalista numa peça que não o era — e muito menos seu personagem. Destoando, então, das demais composições de atores e cenas dentro do espetáculo, ele acabaria por transformar-se pateticamente, sem ter conhecimento disso, numa dissonância fundamental dentro desse espetáculo.

Mas não era só ele, Antônio Carlos: o Autor-Diretor também viu Madalena adormecendo naquela noite com Frederico em seus braços, compondo a cena de amor e pureza que ambos julgavam sublime, mas que traduziria apenas impotência. Do mesmo modo, o Autor-Diretor viu um outro leito onde Beatriz estaria pretensamente se entregando a Josiel, justamente porque ele era negro e ela podia senti-lo maculando sua carne branca e isso a excitava por uma espécie de medo sem perigo, já que, de verdade, Josiel nada faria nela, porque o negócio de Josiel era outro.

O Autor-Diretor sentiu uma lucidez profunda quanto a seus atores estarem confundindo as coisas e teve o impulso de, amanhã, no próximo ensaio, misturar os atores e seus papéis, de modo que de repente eles se sentissem desamparados. Mas seria a partir desse desamparo que se abriria para eles todos uma nova percepção do "outro", do espetáculo e dos personagens e, por que não dizer, da própria realidade. Não se tratava de frescuras como "distanciamento", Brecht, Diderot, ou mesmo Kantor; tratava-se, sim, de algo maior, como o "despertar" provocado pela vibração de um gongo chinês.

O Autor-Diretor sentiu-se esgotado e vazio. E seus olhos foram atraídos por uma luz que só ele parecia ver. Luz que se materializava ali, no gongo, que o atraía como uma mandala visual e sonora que o sorvia como um rodamoinho no centro do qual se encontrava, mais uma vez, impassivelmente, o Maître.

O Autor-Diretor foi pescado de volta por Sílvia, a menina de óculos, que passou a mão em seus cabelos.

— Está se sentindo bem? — ela perguntou.

Sim, estava tudo bem, respondeu o Autor-Diretor, como se houvesse acordado de um sono profundo. Ao seu redor todos conversavam tranqüilamente e Antônio Carlos, pegajosamente bêbado, pronunciava frases ininteligíveis. Só Sílvia parecia perceber que, por um tempo não mensurável, ele estivera muito longe dali. O Autor-Diretor concentrou seu olhar no de Sílvia e lembrou-se de que havia alguma coisa naquela garota que ele queria urgentemente conhecer.

Fez um sinal para a garçonete, pedindo a conta dos dois.

Ele e Sílvia saíram de mãos dadas e, antes que a noite de Copacabana os engolisse de todo, ainda ouviram os passinhos e a voz do Maître atrás deles, como se o oriental fosse segui-los pelas ruas:

— A Fêmea Misteriosa
O espírito das profundezas do vale é imperecível,
é chamado o mistério feminino.
A Porta da Fêmea Misteriosa é a Raiz, da qual crescem o céu
e a terra.
A Fêmea Misteriosa dura perpetuamente, o seu uso, entretanto,
jamais a esgotará.

3. A Fêmea Misteriosa

Alta, cabelos negros, lisos e bastos, seios empinados, Sílvia, a menina de óculos, ao contrário de sua personagem em cena, passeava pelo mundo com a desenvoltura de uma personagem dos quadrinhos de Jeff Jones.

Quando o Autor-Diretor, como se houvesse capturado uma presa, fechou a porta da *Torre* atrás deles, a primeira coisa que a garota de óculos fez foi tirar os óculos. Antes que o Autor-Diretor pudesse dizer que talvez não fosse uma boa idéia ela tirar os óculos, ela já havia tirado os sapatos. Quando o Autor-Diretor ia dizer que gostava dela assim, com os pés descalços sob um vestido longo e folgado — e que isso lhe lembrava um filme, *Descalços no parque*, algo assim —, ela já avançava corredor adentro tirando o vestido. E quando ela entrou no banheiro, não fechou a porta atrás de si.

Como sempre, quando se sentia inseguro, a primeira reação do Autor-Diretor foi refugiar-se na bebida. Tirou uma garrafa de vodca do congelador e encheu dois pequenos copos, dando um longo gole no seu. Depois foi até o toca-discos e selecionou criteriosamente um disco que não fosse barulhento demais e ao mesmo tempo não o denunciasse como careta. A escolha recaiu em Keith Jarrett, naturalmente.

Nesse momento — em que os acordes do piano de Jarrett penetravam suavemente na sala — o Autor-Diretor pressentiu tão intensamente uma presença às suas costas, que se virou para a porta e viu... ninguém. Mas nesse ninguém o Autor-Diretor identificou a figura incorpórea do Maître do restaurante chinês, em cujo sorriso cínico e invisível, se alguma ironia houvesse, ela só poderia ser tomada como — da criação do observador.

Ao falso sorriso do inexistente chinês emendou-se um riso cristalino, próximo da gargalhada, e este era bastante real e vinha lá de dentro, juntamente com um cheiro inconfundível.

Antes que o Autor-Diretor, que se dirigiu até o banheiro com dois copos nas mãos, pudesse dizer qualquer coisa a respeito da conveniência ou não de se fumar maconha no seu apartamento (os vizinhos etc.), foi surpreendido pelo fato de Sílvia estar fazendo xixi. Não que ele nunca houvesse presenciado namoradas suas fazendo xixi — na verdade essa intimidade sem reservas podia até agradá-lo em certos casos —, mas é que antes de poder decidir para si mesmo se esse era o caso ou não, o Autor-Diretor já havia dado mecanicamente dois fundos tapas no baseado que Sílvia lhe estendera enquanto arrancava da mão dele um dos copos de vodca.

Foi então o Autor-Diretor acometido pela sensação de que se alguém caíra numa armadilha, era ele.

Com a superposição do fumo sobre o álcool, a fotografia transformou-se subitamente diante dos olhos do Autor-Diretor. Para abrir o chuveiro, Sílvia enfiara metade do corpo dentro do boxe e essa era uma cena fantástica, sem dúvida. É claro que o

Autor-Diretor já vira Sílvia nua um monte de vezes nos ensaios e camarins e, de vez em quando, ela até sentava-se em seu colo, dando-lhe beijos marotamente filiais. Mas a verdade é que ele nunca a percebera tão nitidamente assim: os cabelos caindo sobre os ombros e as costas; o corpo que se estreitava na cintura para tornear-se novamente nas ancas e, depois, aquelas coxas grossas, lisas, abrindo-se o suficiente para que ele...

Por que, então, o Autor-Diretor não podia desfrutar alegremente da cena? A resposta era inequívoca: porque a cena não fora criada por ele e escapava das suas mãos numa velocidade e ritmo além dos seus. Simultaneamente, ele adquiria uma consciência nítida demais, exagerada demais, também de si próprio, ali idiotamente vestido no banheiro, com um copo e um baseado nas mãos. E se havia alguém morto naquela cena, a não ser por uma atividade exasperante do cérebro, era ele, o Autor-Diretor.

O Autor-Diretor deu o gole final em sua bebida e mais dois tapas no baseado na esperança insensata de recuperar o passo e o ritmo um pouco mais adiante. Mas ao jogar a diminuta beata no vaso, observando-a meticulosamente desaparecer no encanamento quando ele acionou a descarga, o AD foi acometido pela sensação de que ele próprio estava sendo tragado para os pantanosos esgotos da cidade.

Antes que isso acontecesse, foi salvo por duas mãos molhadas que o agarravam pelas costas para desabotoar-lhe a camisa. E o Autor-Diretor mal teve tempo de livrar-se do resto da roupa para entrar no banho junto com Sílvia.

O Autor-Diretor chegou a ter uma primeira ereção enquanto era ensaboado por Sílvia, o que provocou na garota uma sonora risada.

Talvez tenha sido essa risada que renovou no Autor-Diretor

a impressão de estar sendo um joguete nas mãos da garota. Ainda mais que ali, corpo a corpo com ela, não havia como disfarçar o fato de que Sílvia — que largara na vida real, junto com suas lentes de contato, uma posição na seleção juvenil brasileira de vôlei (tudo pelo Teatro!) — era bem mais alta do que ele.

Quando deu por si, o Autor-Diretor sentiu seu pau murchar na mão da garota, que sorriu maternalmente para ele. O AD também tentou sorrir esportivamente, mas sentiu seu sorriso como uma careta diante de um espelho onde também estaria se refletindo a cara etereamente cínica do Maître chinês.

E o que o Maître estaria observando era o seguinte: querendo desinibir a sua inibição, o Autor-Diretor tomara o sabonete das mãos de Sílvia e a ensaboava, explorando cada detalhe daquele corpo: os seios perfeitos, a cintura e, depois, aquele ventre onde se encravava o pórtico negro e vermelho da fêmea, a Fêmea Misteriosa, inteiramente oferecida e no entanto misteriosamente inacessível para ele, o AD, como se ele tivesse nas mãos uma escultura no jardim de um museu, tão dissociada das sensações do AD quanto os momentos em que ele tentava escrever e, impotentemente, a tais palavras parecia faltar uma espécie de energia. Pois mesmo as construções mais elaboradas ou assim ditas frias, ou da inteligência, haveriam que conter uma faiscante centelha que nos pusesse em ligação, assim como quem observa ou pinta um quadro (ainda que geométrico ou abstrato) e é tocado por ele, esquecendo-se ao menos em parte de si próprio — e assim era também com o Sexo.

O próximo passo do Autor-Diretor foi trazer a luta do campo do adversário para o seu próprio: a sala, onde Keith Jarrett continuava girando em torno de si mesmo e onde, entre livros, discos e uma garrafa de vodca, o Autor-Diretor poderia reinar.

— O problema de Keith Jarrett — ele disse, enrolado numa toalha sobre o sofá, enquanto Sílvia, nua, se instalava ereta numa cadeira e tinha até a bondade de pôr os óculos, como se precisasse deles para ouvir atentamente o Autor-Diretor: — O problema de Keith Jarret é que há nele uma espécie de virtuosismo e concessões melodiosas, discursivas demais para quem se pretende um inovador. Não existe meio-termo em Arte: ou se parte decididamente para a experimentação, ou se produz para o público, que não passa de uma cambada de imbecis.

— Quer que eu ponha outro disco? — perguntou Sílvia, cândida.

— Ponha o que você quiser — disse nervosamente o Autor-Diretor, como se sua ira fosse dirigida a Keith Jarrett. Mas não era. É que durante todo o tempo em que pronunciara seu candente discurso, o AD estivera simultaneamente consciente, com aquela elasticidade espantosa do cérebro, de que ele próprio, debaixo do chuveiro, ensaboando as partes mais recônditas de Sílvia, monologara silenciosamente que *mesmo as construções mais elaboradas ou assim ditas frias, ou da inteligência, haveriam que conter uma faiscante centelha que nos pusesse em ligação.* E o seu pau continuava mole.

Parecendo esquecida de si própria, Sílvia agora se ajoelhava diante de uma pilha de discos, de costas para o Autor-Diretor. Aproveitando-se de que a garota não podia vê-lo, o Autor-Diretor abriu a toalha e balançou nervosamente o pau com uma das mãos, tentando despertá-lo, enquanto ocupava a outra mão com o copo de vodca. O Autor-Diretor implorou aos céus para que Sílvia permanecesse indefinidamente ali, naquela posição, pois aquela era uma cena tão angelical que até poderia ter sido marcada por ele, o coroa devasso, o *voyeur* fantasma, o hipnotizador de moçoilas, o fabricante de realidades, o encenador de visões, o etcétera e tal. E passou por sua cabeça que talvez Sílvia não estivesse se demorando naquela posição tão inocentemente assim; que talvez ela tivesse plena consciência de que, naquele momento, o pau dele começava a dar alguns sinais de vida.

Como se confirmasse a intuição do Autor-Diretor, Sílvia virou-se e riu com todos os seus dentes sem nenhuma cárie, enquanto o som do The Police inundava a sala em substituição a Keith Jarrett.

— Não quer dançar? — a garota perguntou, já ensaiando alguns movimentos.

Por um instante, o Autor-Diretor julgou ver naquele sorriso o escárnio discreto do Maître chinês — e o seu pau oscilou indeciso entre manter-se ereto ou não, advertindo-o de que era melhor ele não correr nenhum risco.

— Não, menina, prefiro ver e ouvir — ele disse. Ao que acrescentou mentalmente: "Ver e ouvir tanto o que se passa fora quanto dentro de mim, num palco duplo onde de qualquer forma reina, tirânica, você".

Como se captasse telepaticamente os pensamentos dele, Sílvia, sempre dançando, oferecida, lançou de chofre a pergunta:

— O que você acha de mim... como atriz?

Mais cedo ou mais tarde, todas davam um jeito de encontrar-se a sós com ele para aquela indefectível pergunta. Mas ali estava a tão aguardada oportunidade do Autor-Diretor.

— O problema com você, garota, é que é inexpugnável. Sadia e esportiva demais. Como se não possuísse nenhuma brecha por onde se possa penetrar.

O Autor-Diretor observou os movimentos de Sílvia murcharem, como se a agulha houvesse encalhado num sulco arranhado do disco, enquanto ela enrubescia pela primeira vez, e uma lágrima brilhou em seus olhos. Curiosamente — ou não — a ereção do Autor-Diretor se solidificou como uma construção de bons alicerces. E também pela primeira vez naquela noite ele podia dar-se ao luxo de mostrar-se condescendente.

— Que é isso, garota, você não me entendeu. Diminua um pouco o volume do som e venha cá que eu te explico.

Então, obediente, ela veio e sentou-se aos pés do Autor-Diretor, que lhe afagou os cabelos macios e sedosos:

— Quando eu disse *inexpugnável*, me referia à vida real. E agora até que nem tanto assim. Mas é justamente isso que faz de você uma boa atriz. A capacidade de representar em cena o que não é na vida real.

Na verdade, embora por motivos escusos, o Autor-Diretor falara a verdade: ela era uma boa atriz e exatamente por aquelas razões. E talvez naquele instante mesmo estivesse representando o que o AD esperava dela. Pois, sem nenhuma objeção do AD dessa vez, ela havia tirado os óculos para deitar a cabeça em seu colo, de um modo que os cabelos dela encobriam o ventre dele, como uma cortina que descesse sobre o palco.

Só que lá dentro desse palco ainda rolava uma cena escondida, em que o pau triunfante do Autor-Diretor era envolvido pelos lábios macios de Sílvia.

E, mais uma vez naquela noite, o AD sentiu a presença do Maître chinês a sussurrar-lhe como que um verso do *Tao-Té-Ching*:

— *Também a verdade pode ser usada como mentira. Ou pelo menos como ardil.*

Só que a presença do Maître não se fazia mais "de fora", e sim na própria mente-palco do Autor-Diretor, que se sentiu como um rio que tivesse consciência do seu fluir, sem com isso, entretanto, deixar de ser um rio... e fluir.

Com as duas mãos livres, o Autor-Diretor pôde acender um cigarro, servir-se de mais um pouco de vodca e, sorrindo como um sábio chinês, deixou que o líquido e a energia represados dentro dele jorrassem, enquanto sua mente pairava acima do bem e do mal.

IV
O TERCEIRO ATO

Cena 1
Rubricas

Restaurante de beira de estrada na Belém—Brasília. Moscas, cheiro de mijo, Lindomar Castilho na radiola fanhosa. Três mesas ocupadas. Numa delas, sozinha, uma Bicha Interiorana. Noutra, também sozinha, uma Puta Adolescente. Na terceira mesa conversam um Malandro de Província e o Motorista. O Motorista, decadente, é agora chofer de caminhão.

— Foi no Cemitério do Caju, o enterro?

— São João Batista.

— Família boa, então?

— Claro, de Botafogo, está pensando o quê?

— Besteira minha.

— Não tem importância. Mais uma?

— Mais uma.

Garçom sentado num banquinho alto, com a cabeça sobre o balcão, acorda sobressaltado com o pedido do Motorista: "Mais uma brama e duas branquinhas". Termina o disco de Lindomar Castilho e garçom pergunta se quer que mude. Motorista diz que não: "Põe esse lado de novo". Garçom põe o lado de novo, pega as duas garrafas e vai servir os dois homens. Depois volta ao seu posto, desdobra um jornal que alguém esqueceu por ali e começa a ler, desatento. Lembra-se do que o patrão lhe disse: garçom não deve dormir em serviço, os fregueses podem sair sem pagar a conta.

— Uma garotinha, ainda. Foi a única de quem eu gostei na vida.

— Da idade daquela ali?

— Mais nova.

— Mais nova?

— Está duvidando de mim?

— Que é isso, rapaz, só estou admirado.

— Era linda.

— Imagino.

Motorista que, com as mãos trêmulas, enche outra vez o copo de Malandro de Província. Puta Adolescente que abriu bem as pernas quando os dois homens olharam para ela. Está sem calcinha. Bicha Interiorana que bebe com gestos estudadamente delicados um gole de guaraná, na esperança de que os olhares dos dois homens tenham sido em sua direção.

— O rosto não estava desfigurado?

— Nada, parecia viva. Só um pouco pálida. Mas isso era até bonito.

— E quem foi o filho-da-puta?

— Que atropelou?

— É.

— Eu.

— Porra, desculpa.

— Não tem nada não, eu sou um filho-da-puta.

— Não diga isso.

— Se estou dizendo que sou é porque sou.

— Não precisa ficar nervoso. Mais uma?

— Mais uma.

— Essa é minha.

— Não, eu faço questão.

Malandro de Província que percebe, perspicaz, a obstinação com que o Motorista reivindica a própria filha-da-putice, a autoria do atropelamento e o pagamento da conta. Como se fosse o direito de um marido à primeira noite. Atores que devem ter isso em mente enquanto representam a cena. Malandro de Província aliviado por não ter de pagar a bebida. Não tem um puto no bolso e há muito cortaram seu crédito por ali. Precipitara-se com o nervosismo do outro. Malandro de Província que bebe de um só gole a dose de pinga.

— Deve ter sido uma tragédia horrível.

— Em parte.

— Não entendi.

— Porque sem isso eu não teria conhecido a menina.

Barata pegajosa que se põe a subir pela parede atrás dos dois homens. Bicha Interiorana que pensa que as baratas morrem de velhice naquele restaurante, porque ninguém se dá ao trabalho de matá-las. Bicha Interiorana é relativamente culta, faz poesias, e batiza para si mesma a barata de Gregory Samsa. E depois, por associação, de Gregory Peck. Bicha Interiorana que sorri, satisfeita, com o humor e a inteligência do seu pensamento. Pena que não possa transmiti-lo a alguém. Bicha Interiorana que bola um plano para sair, naquele exato instante, da sua solidão.

— Pensei que fossem namorados ou algo parecido.

— Quem dera.

— Quer dizer que vocês nunca chegaram a... Foi só...

— Aí é que você se engana.

— Já sei então. Ela não morreu na hora, aí você ficou cuidando dela e...

— Mais ou menos.

Bicha Interiorana que circunda pé ante pé a mesa dos dois homens, tira um dos sapatos e, num gesto felino, esmaga Gregory Peck contra a parede. De Gregory Peck sai um estalido, de tão gorda. Malandro de Província que, sobressaltado, derruba seu copo cheio sobre a mesa. Bicha Interiorana que se preparava para dizer sua frase de efeito — "Se não fosse eu as baratas daqui morriam de velhice" — é antecipada por uma outra frase, de Malandro de Província, só que muito grosseira: "Viu o que você fez, seu viado". Bicha Interiorana que corre para o banheiro com o sapato na mão, sem tempo de ouvir a fala do Motorista, que teria achado extremamente gentil:

— Deixa ele pra lá. A gente pede mais uma.

— Tem razão, essa já tava meio quente.

— Garçom, mais uma. Bem gelada. E duas branquinhas.

— Posso pedir um pastel?

— À vontade.

— Garçom, uns pastéis de queijo.

— Não gosta de carne?

— Sei lá, tem sempre uns gatos pretos rondando por aqui.

Malandro de Província que ri da própria piada, que Motorista não saca, absorto em suas recordações. Malandro de Província que adquire mais confiança com o álcool e mal sabe o que contra ele tramam no cubículo fétido e mijado. Bicha Interiorana que se senta na privada com os olhos cheios de lágrimas. Bicha Interiorana que pensa numa vingança contra Malandro de Província: "A mim ele ofende e pra aquele motorista ele se derrete". Malandro de Província que dá corda ao Motorista:

— E então?

— Então eu desci do carro e ela estava ali caída, junto ao meio-fio. Era hora do crepúsculo, eu já lhe disse?

— Não, não disse.

— Pois é, mas era. As cigarras começavam a cantar justamente naquele momento.

— Estranho, reparou a coincidência?

— Coincidência?

— As cigarras também estão cantando agora.

— Sim, estão. Como naquela tarde. E a menina caída também estava assim, como aquela ali, o vestido levantado até acima das coxas.

— E por baixo? Por baixo do vestido?

— Adivinhou, por baixo do vestidinho também não havia nada.

— E você viu tudo...

— Claro, não tinha jeito de não ver. Eram só uns quatro ou cinco cabelinhos. E, puta que o pariu, eram louros.

— Puxa...

Puta Adolescente que percebe satisfeita que agora, sem nenhuma dúvida, os homens olham diretamente para a sua xoxota. Motorista e Malandro de Província que têm simultaneamente uma ereção. Bicha Interiorana que acabou de escrever a canivete, na porta da privada, a sua vingança: FLORISVALDO É VIADO. Malandro de Província que se chama Florisvaldo. Bicha Interiorana que acha que toda bicha tem de possuir um canivete. Canivete que agora sulca na madeira o início de uma outra frase: ESTOU A FIM DE... Garçom que traz num prato dez pastéis de queijo engordurados. Gregory Peck que ainda move duas perninhas e uma antena sem que ninguém se compadeça de sua agonia e lhe dê o pisão de misericórdia. Puta Adolescente que, ao ver os pastéis, se encaminha decididamente para a mesa dos homens. Bicha Interiorana que prossegue em sua frase: ESTOU A FIM DE UM CACETE DE... Motorista e Malandro de Província que comem pastéis. Puta Adolescente que também pega um pastel e o morde avidamente, só que de pé, com a xoxota por baixo do tênue vestidinho oferecida para a mesa. Motorista que a enlaça pela cintura, fazendo erguer-se um pouco mais o vestidinho. Malandro de Província que se excita, de boca cheia:

— E sangue, não havia sangue?

— Isso é que foi estranho, rapaz. Antes de o carro pegar a menina havia sangue nela; depois, quando eu desci e cheguei perto, não havia mais.

— Examinou bem?

— Sim, como se fosse médico.

— Tentou o coração?

— Claro, pus a mão ali, do lado esquerdo. E como não sentia o coração, tive de abrir alguns botões do vestidinho. E colei meu ouvido ali, nos peitinhos dela. Precisava ver que pena, rapaz, eles mal tinham nascido, eram apenas uma pontinha. Mas lá de dentro não vinha palpitação alguma, nem uma leve arfada.

— Uma leve o quê?

— Arfada.

— Estava morta...

— Provavelmente. Mas eu não queria acreditar. Até respiração boca a boca eu tentei.

— Ah, entendo.

— Até que percebi que os lábios dela, com um restinho de sorriso, esfriavam.

Motorista que, inconscientemente, desabotoara a blusa de Puta Adolescente e fora fazendo nela os gestos que descrevia. Malandro de Província que, conscientemente, desabotoara a braguilha. Garçom que, inconscientemente, deixara-se ficar ali, imobilizado, de boca aberta, ouvindo a narrativa em forma de diálogo. Espírito de falecido Psicanalista Austríaco que, fluidamente, baixa agora em garçom que, mediunicamente, sabe que Motorista revive um trauma e poderá ficar curado da sua broxice. Puta Adolescente que, distraída, pega mais um pastel e, conscientemente, por dever de ofício, afaga o pau do Motorista. Malandro de Província que, conscientemente, tira o pau pra fora, por baixo da toalha de mesa, esperançoso de uma suruba. Motorista que, ao descrever a respiração boca a boca, beijara Puta Adolescente, recua apressado os lábios ao sentir na Virgem um gosto de pastel. Garçom que, criteriosamente, conclui que aquele gosto prosaico poderá prejudicar de forma irremediável o processo terapêutico. Bicha Interiorana que, esperançosa de que o Motorista venha logo mijar, relê a sua frase: ESTOU A FIM DE UM CACETE DE CHOFER DE CAMINHÃO. Puta Adolescente que, femininaintuitivamente, senta no colo do Motorista e descansa no ombro dele sua cabecinha oca de olhos cerrados. Famoso psicanalista austro-judaico que, na pele de garçom, reacende uma tênue e cética esperança de que o processo terapêutico prossiga em seu curso como o sinuoso rio da vida. Motorista que, desligando-se do presente, transporta-se ao momento em que Jacira estava caída no asfalto e ele a pegara no colo. Puta Adolescente que, espreguiçando-se felina e languidamente, deixa que seu vestido se erga devagarinho, como uma carta de baralho chorada num jogo de pôquer. Primeiros e ralos fios de pentelhinhos que se deixam entrever, conduzindo Motorista e Malandro de Província à beira de uma ejaculação precoce. Garçom-psicanalista que, segundo rigorosos princípios ético-profissionais, não se envolve emocionalmente nem tem uma ereção. Bicha Interiorana que sai do banheiro de olhos baixos, acometida de sentimento de culpa. Para aplacar tal sentimento, dá o pisão de misericórdia em Gregory Peck. Bicha Interiorana que se sente caridosa e começa a cantar: "*La cucaracha, la cucaracha...*". Motorista que, febrilmente, põe a mão espalmada na xoxota de Puta Adolescente. Malandro de Província que, não agüentando mais, sai com o pau na mão para o banheiro a fim de terminar sua punheta. Bicha Interiorana que, depois de cruzar a meio caminho do banheiro com Malandro de Província, depara com uma cena chocante que lhe parte o coração: o Motorista com a mão espalmada sobre a xoxota de Puta Adolescente. Motorista que, nesse exato momento, broxa fulminantemente ao sentir que os pentelhos de Puta Adolescente são uma basta e negra cabeleira. Psicanalista Austríaco que, direto do além, efetua uma interessante descoberta: que o medo à castração é algo assim como um rodamoinho cavernoso e gosmento, ameaçando tragar um homem. Pena que o imbecil do garçom seja semi-analfabeto e não possa fazer essa anotação para a posteridade. Bicha Interiorana que se sente aliviadíssima ao ver Motorista afastar Puta Adolescente com um safanão, para a cadeira vaga de Malandro de Província e, depois, esconder o rosto entre os braços sobre a mesa:

— Não adianta, foi só ela que eu amei.

Besouros chifrudos que, ao cair da noite, começam a arremeter contra os vidros da janela, como uma chuva de meteoritos. Bicha Interiorana que puxa uma cadeira para o lado do Motorista, afaga-lhe os cabelos e pergunta com voz doce e gentil:

— Que que foi, ela te abandonou?

— Não, morreu. Para sempre. Morreu.

— Era tua mulher?

— Não, uma virgem.

— Sabe o que acontece quando as virgenzinhas morrem?

— Não, o quê?

— Se transformam em estrelas.

— Verdade?

— Sim, e sabe qual pode ser a estrela da tua virgem?

— Não, qual?

— Mira, na Constelação da Baleia. E sabe o que significa Mira?

— ...

— Maravilhosa.

Mariposas que esvoaçam loucamente ao redor da grande lâmpada do restaurante, como se ela fosse uma estrela. Garçom que, liberto traumaticamente do espírito de austríaco-psicanalista, boceja. Malandro de Província que, ao ler FLORISVALDO É VIADO na porta da privada, também broxa furiosamente e veste as calças, disposto a dar uma porrada em Bicha Interiorana. Motorista que, agradecido e emocionado, afaga as mãos de Bicha Interiorana. Malandro de Província que, ao perceber que Bicha Interiorana caiu nas boas graças do Motorista, desiste de dar-lhe uma porrada. Para gastar sua agressividade, dá um bico no cadáver de Gregory Peck, que vai parar longe, já imune a qualquer dor, mas para desespero de formiguinhas que já lhe corroíam a carcaça, sendo que umas cinco ou seis ficam mutiladas e rodopiam sobre si mesmas, em unidades vivas de dor ainda mais ínfimas do que Gregory Peck quando agonizante. Motorista que se dirige ao banheiro para mijar e lavar o rosto das lágrimas. Bicha Interiorana que se sente esperançosa de que Motorista leia o seu grafite. Malandro de Província que, aproveitando a ausência de Motorista, ordena ao garçom mais uma brama e duas branquinhas, a serem pagas pelo ausente. Garçom que, ao tomar ele próprio uma dose de pinga, é possuído mediunicamente pelo espírito de insigne astrônomo judaico-soviético. E, esquecido de servir os fregueses, sobe em uma mesa para pronunciar uma pequena palestra. Motorista que, ao sair do banheiro, depois de espumante mijada, sem aperceber-se do grafite amoroso de Bicha Interiorana, estaca embasbacado para assistir interessadíssimo à miniconferência do astrônomo-garçom:

"No princípio do século XX foi descoberta uma certa espécie de *estrela variável*. Ou seja, estrelas que variam periodicamente de brilho. A variável mais digna de nota é Beta, na constelação de Perseu. Os gregos descreviam Beta de Perseu como localizada na cabeça de Medusa, empunhada por Perseu. Medusa era um demônio com cabelos de cobras vivas e chiantes, e com uma face tão terrível que, se alguém a visse, se transformava em pedra. Beta de Perseu era às vezes chamada de Estrela

Demônio por causa disso, sinal de que havia alguma coisa estranha com ela. Já o nome árabe para a mesma estrela é *Algol, o Fantasma*, algo também arrepiante.

"Mas, na verdade, a variação de luz dessas estrelas se deve ao fato de elas serem periodicamente eclipsadas por alguma outra estrela obscura que gira ao seu redor.

"Já Mira, na constelação da Baleia, é uma variável intrínseca, ou *cefeida*. Isso porque ela é realmente *variável*, ora se tornando mais obscura, ora se tornando mais brilhante. Seus períodos de brilho máximo se verificam a intervalos de onze meses. Em sua fase mais obscura fica invisível a olho nu. E em sua fase mais brilhante pode alcançar a magnitude 2, ou seja, mais de dez vezes a luminosidade do nosso Sol. Recebeu o nome de *Mira — maravilhosa* — por causa disso."

Astrônomo-judaico-soviético-garçom que lança um olhar perscrutador ao redor. Motorista que, próximo ao banheiro, levanta o dedo e pergunta ao conferencista se pode fazer uma pergunta. Conferencista que, democrático, diz que "sim, como não?". Motorista que, com os cabelinhos do braço arrepiados, pergunta se Mira pode ser também um fantasma, como Beta de Perseu. Conferencista que diz que "sim, talvez". Ao que acrescenta com um sorriso de sábio: "Mas por que não o fantasma de um anjo?". Motorista que prorrompe em aplausos entusiásticos, no que é seguido por toda a platéia. Garçom que, perturbado pela ovação, vê-se abandonado pelo fugaz espírito do astrônomo-soviético-judeu. Malandro de Província que, aliviado com o fim daquela arenga, bate desabusado com a faca na garrafa vazia, ordenando mais bebida ao garçom. Garçom que desce do púlpito de fórmica, achando que tinha enlouquecido. Motorista que vai sentar-se ao lado de Puta Adolescente. Puta Adolescente que, tendo ouvido falar em estrelas, lembra-se do céu no quintal de sua infância durante a noite e tem saudades. De seus olhos escorrem lágrimas luminosas como estrelas cadentes. Motorista que se vê refletido nessas lágrimas, rolando terna e platonicamente apaixonado, como os anéis de um fulgurante planeta. Motorista que acaricia o rosto de Puta Adolescente:

— Escuta, qual é o teu nome?

— Imaculada. Maria Imaculada.

— E quantos anos você tem?

— Catorze.

— É também um anjo, pena que envelheceu.

Garçom que, devolvido à sua modesta condição, enche os copos de todos, menos o de Bicha Interiorana, que é abstêmia de álcool. Malandro de Província que ergue seu cálice de pinga e exclama: "Saúde". Motorista que, após o brinde, emborca de uma talagada a sua dose, sentindo por dentro o fogo de uma nostálgica paixão. Bicha Interiorana que, enciumada, resolve ir à luta ferina:

— *Quanto mais meu cérebro quero lavar, mais ele se turva.*

— Que que foi?

— Uma frase, meu bem, uma frase!

— Sua?

— Não, de um falecido dramaturgo inglês. Você não deve conhecer.

— Posso escrever no pára-choque do meu caminhão?

— Claro, meu bem, é toda sua. Vai ficar sob medida.

— Obrigado. Aceita uma bebida?

— Um guaraná, por favor. Sabe o que são os caminhoneiros?

— Não.

— Os modernos bandeirantes. E sabe que bandeirante você é?

— Não.

— Um planeta no sistema de Mira, a Maravilhosa.

— Que bom.

— E sabe o que significa a palavra Planeta?

— Gostaria muito de saber.

— "Errante". É esse o teu destino, meu bem.

Malandro de Província que diz baixinho: "Que saco!". Motorista que se levanta e dá um beijo estalado na testa de Bicha Interiorana. Motorista que, ansioso por partir errante, pede a conta a garçom. Bicha Interiorana que pensa em permanecer casta para sempre e nunca mais lavar a testa onde gravou-se aquele beijo. Garçom que, pensando na gorjeta, põe na radiola fanhosa a canção *Caminhoneiro*, de Teixeirinha. Motorista que, puxando a carteira, dá uma grana a Puta Adolescente, que se oferece:

— Quer trepar comigo?

— Não, pode trepar com meu amigo, em meu lugar. Quero só que me responda a uma pergunta.

— A que você quiser.

— Escuta, você não tem uma irmã assim como você?

— Assim como eu sou?

— Não, assim como você era.

— Sim, tenho, ela está com onze anos e dez meses.

— Qual é o nome dela?

— Maria. Maria Altamira.

— Mora longe daqui?

— Mais ou menos.

— Pra que lado fica?

— Pra lá, na direção de Belém.

Puta Adolescente que faz um gesto largo, em direção ao espaço sideral. Garçom que recebeu seu dinheiro e, verificando a gorjeta, canta junto com Teixeirinha: "*Caminhoneiro amigo que leva a vida rodando, cruzando vilas, cidades, sentindo saudades da sua família, mas sabe que ele não tem hora para chegar*". Malandro de Província que, abraçado a Puta Adolescente, acompanha Motorista até a porta do botequim. Bicha Interiorana que acena chorando um lencinho, amparada pelo garçom. Motorista que, sem olhar para trás, se dirige ao caminhão e sente um cheiro de gasolina, que para ele é perfume. Psicanalista austríaco que, num último alento, sopra no ouvido de garçom que a alavanca de mudança é um símbolo fálico. Motorista que esquenta o motor do veículo e, inconscientemente, afaga a alavanca de mudança. Todos os outros, à porta, acenando em uníssono. Motorista que olha a vastidão da noite na direção apontada por Puta Adolescente. Motorista que vê surgir naquele exato instante uma estrela e se pergunta se não será *Mira, a Maravilhosa*. E se não terá sido a mesma *Mira* que levou os Reis Magos na direção de Belém. Motorista que engata uma primeira, arranca no rumo daquela estrela, inadvertido de que ela também pode ser Beta de Perseu. Motorista que, pegando em ziguezague de bêbado a estrada, liga o rádio e exclama alegremente: "Eta Brasil!".

Cena 2
O Espantalho e Maria Altamira

Entardecer ensolarado, duas borboletas executam um baila-
do de núpcias ao redor de um espantalho humano, atado de bra-
ços abertos a duas estacas de madeira, como um crucificado, com
um cigarro de palha no canto da boca.

A certa distância, uma garotinha de onze para doze anos,
deitada de bruços sob uma árvore, roça levemente o ventre contra
o chão, enquanto remexe com um graveto a terra, onde formigas
retalham uma cigarra morta.

À janela, ao fundo do espaço cênico, estática como um qua-
dro na moldura, sua mãe amamenta uma criança.

Ao perceber as borboletas, a menina corre para perto do Es-
pantalho e se deixa ficar ali, observando-as. Seus olhos se mexem
enviesadamente, acompanhando o vôo delas, que acabam por pou-
sar em sua fronte.

Menina (evitando mover-se): — Pai, por que elas se grudam
assim tão quietinhas?

Espantalho: — É o amor. Vai nascer uma borboletinha assim como você.

Menina: — E quando eu crescer, vou ter peitinhos?

Espantalho: — Sim, como sua irmã que partiu.

Menina: — Mas não quero que fiquem nunca murchos, iguais aos da mamãe.

Espantalho: — É a sina, menina, de toda mulher que pariu tanto.

Menina: — É por isso que rebenta a barriga das cigarras?

Espantalho: — Não, é de tanto tocar a caixinha de música.

Menina (apalpando o peito): — E quando é que os peitinhos crescem nas meninas?

Espantalho: — Quando corre o sangue nas partes delas.

Menina: — Pai, e por que os meninos têm pinto?

Espantalho (rindo): — É pra enfiá nas muié.

Menina (espantando as borboletas com a cabeça): — Comigo não vou deixar.

Espantalho: — Quando crescer vai querer.

A menina pega o toco de cigarro na boca do pai e dá duas fundas tragadas, mostrando-se masculinizada, sensual e adulta. Depois joga fora o cigarro e ajuda o pai a "despregar-se da cruz".

Menina (retomando o ar infantil): — Pai, foi por causa de homem que a mana partiu?

Pai (espreguiçando-se): — Acho mais é que sim.

Menina: — Foi na direção de Belém?

Pai: — Pode até ser.

Amparado na filha, ele caminha com dificuldade em direção à casa.

Menina: — E foi lá que Cristo nasceu?

Pai: — Se é do Pará, não sei; mas que foi em Belém, foi.

Menina: — E por que é que eu me chamo Maria Altamira?

Pai: — Porque foi em Altamira, Maria, que tua mãe te concebeu.

Menina: — E por que foi que a gente saiu de lá?

Pai: — Porque aqui tinha trabalho pro pai.

Menina: — Trabalhar de espantalho é bom?

Pai: — Prum homem doente, que não pode nem se mexer, até que é.

Menina: — E é numa cruz assim, no Cruzeiro do Sul, que Jesus fica no céu?

Pai: — Deve mais é de ser.

A *menina apanha uma flor vermelha e, depois de cheirá-la e beijá-la, prende-a no vestido.*

Menina: — E as Três Marias, são Marias deveras, assim como eu?

Pai: — Sim, e como a mãe de Nosso Senhor.

Menina: — E quando eu morrer, vou pra junto delas no céu?

Pai: — Vai, se Jesus te querer.

Saem o pai e a menina pelo fundo do espaço cênico. A mulher, à janela, se desvanece com a luz, um instante depois.

Cena 3
O Astrônomo e seu Ajudante

Trovejar e raio.

Observatório astronômico dentro de uma paisagem desértica e irreal. Através de um telescópio estilizado, o Astrônomo observa o espaço sideral.

Ao lado do Astrônomo, seu Ajudante, cego, tendo nos ouvidos uma espécie de estetoscópio (ou headphones*), com o qual ausculta as ondas fugidias e perdidas no espaço.*

Ajudante: — Para onde dirige o Mestre o seu olhar tão perscrutador?

Astrônomo: — Num rumo qualquer, ao acaso, possivelmente na direção da Via Láctea.

Ajudante: — E o que vê o Mestre em região de tão belo nome?

Astrônomo: — Pequenas esferas, como bolhas de sabão ou placentas, a girar em torno de um centro.

Ajudante: — Planetas?

Astrônomo: — Talvez, mas de uma classe muito especial.

Ajudante: — Há indícios de habitantes?

Astrônomo: — Sim, mas também muito especiais, como se não passassem de peças de um presépio mecânico, acionadas por alguma entidade superior.

Ajudante (*persignando-se*): — Deus?

Astrônomo: — Talvez. Mas também ele um Deus de segunda categoria, algo assim como um poeta maluco ou o diretor de um espetáculo.

Ajudante: — E o que se especta no espetáculo neste instante?

Astrônomo: — Uma garotinha nua, nadando à meia-noite no poço de uma cachoeira.

Ajudante (*espantado*): — Ah, então é noite?

Astrônomo (*grandiloqüente*): — Sim, e nesse palco celeste distinguem-se alguns astros em ligeiro movimento, como lumes vagantes.

— Mexendo lentamente seus ferrões e patas, a Constelação de Scorpio.

— Posso avistar também o Cruzeiro, na forma de um espantalho sobre a torre de uma igrejinha interiorana.

— Mais abaixo, a seus pés, Três Marias seguram velas em sua homenagem. E por fim, ao longe, envolvida numa teia prateada de poeira incandescente, vê-se Tarântula, a Nebulosa, semelhante a uma aranha dentro de um sonho da menina nua.

Ajudante (*desconfiadíssimo*): — Pode o Mestre ver também o sonho da meninazinha?

Astrônomo (*baixando a voz, como se temesse despertar a menina*): — Sim, parece-me vê-lo... numa outra bolha, esse sonho. Tão frágil que pode dissipar-se com um sopro ou o mais leve movimento...

Dissipam-se as figuras do Astrônomo e do Ajudante.

Cena 4

Sonho de Maria Altamira

Ela sonha que está num porão. Um homem, carregando uma vela, a conduz pelo braço e diz: — Vem mais, não pode ter medo, porque é ali que eles estão.

ELES são os escorpiões.

Mas ela é uma menina corajosa, tanto é que vai lá, acender o fogo em círculo para o suicídio dos escorpiões. O coração dela bate é por outra coisa: as mãos e o rosto do homem, lembrando o padre com quem ela se confessara, na única vez em que fora à igreja, para a sua Primeira Comunhão.

(*O maior pecado que ela confessara fora o de oferecer insetos vivos às formigas pardas. O padre sorrira e afagara-lhe a mão. Por um instante parecera a Maria Altamira um pecado que o padre a tocasse e também que ela sentisse nojo da sua mão cabeluda.*)

A mão do homem penetra por cima do vestido de Maria Altamira, envolve seus peitinhos que começam a nascer e crescer na mão dele, mas logo murcham, como os da mãe. Ela quer fugir, suas pernas não a obedecem e por isso ela sabe que está dentro de um sonho, mas tenta gritar assim mesmo e não consegue articular um único som.

Os lábios do homem também mal se movimentam, porém ameaçam a menina:

— Se não deixar, vai ficar aí sozinha, no meio dos morcegos e escorpiões.

O porão se confunde com a sacristia da igreja e ali está Ele, cheio de chagas e pregado na cruz, com um pano cobrindo-lhe o sexo, Jesus Cristo Nosso Senhor. Sua estátua está salpicada de escuras e grosseiras nódoas de sangue. Ao seu lado, a Virgem Maria.

Confundem-se as figuras do Cristo e da Virgem com o pai e a mãe de Altamira e, ao falarem, destacam-se do sonho para o "espaço da realidade teatral".

Mãe de Altamira (grávida): — Você viu, no vestido dela?

Pai de Altamira: — A flor? Antes ela deu um beijo na flor.

Mãe: — É o sinal?

Pai: — É o sinal.

Mãe: — Qualquer dia passa alguém e leva ela.

Pai: — Como a outra, que se perdeu?

Mãe: — Talvez lá longe ela é feliz.

A sacristia se confunde com o porão e o que a menina vê, por toda a parte, são aranhas-caranguejeiras.

(*Muitas vezes a menina matara essas aranhas venenosas. E achava estranho como aquele bicho peludo, ocupando um espaço tão grande com suas pernas, de repente desaparecia quase completamente no nada, quando Maria Altamira o esmagava com o pé. Deixando somente uma nódoa escura no chão, como se a aranha fosse apenas uma forma aterrorizante. Como se a aranha fosse um pesadelo.*)

Mas neste pesadelo real, de agora, elas são muitas e resistem à morte, como se fabricadas de borracha, iguais a brinquedos.

E a menina percebe que algo de vivo e cheio de patas já penetrou sob o seu vestidinho para aninhar-se, com um formigamento peludo, no meio das suas pernas.

Maria Altamira se contorce aterrorizada na cama e põe a mão sobre o sexo, para logo depois despertar, quando vê que sua camisola está manchada de sangue.

Silenciosamente, para não acordar toda a família, ela se levanta. E, obedecendo a um impulso que não vem do pensamento, se esgueira pela janela e corre a lavar-se no poço escuro da cachoeira.

Cena 5

O Astrônomo e seu Ajudante II

Ajudante e Astrônomo. Este último observa através do telescópio uma escuridão estrelada, onde se vê Maria Altamira banhando-se numa cachoeira. Há algo de postiço, plástico, hollywoodiano, nessa cascata e na cena que ali se passa. Nota-se uma leve rivalidade entre os dois homens.

Ajudante (com uma ponta de malícia, como se trapaceasse):
— Julgo ouvir, Mestre, os rumores de uma cascata.

Astrônomo (entrando no jogo): — Sim, onde a menina se banha, deixando que a água penetre até o mais íntimo do seu corpo, lavando-a do primeiro sangue.

Ajudante (desafiador): — Mas como pode o Mestre enxergar a menina na obscuridade da noite?

Astrônomo (triunfante, carregando na entonação): — Um spotlight incide diretamente sobre ela, acompanhando seus movimentos esguios entre as pedras, como os de uma sereia.

Ajudante (verdadeiramente interessado): — E seria tal luz proveniente de uma estrela?

Astrônomo: — Acertou em cheio. Talvez oriunda de uma nova explosão de S. Andrômeda (*exagerando na entonação*), a "Superstar".

Surge luminosamente Jacira, que contempla Maria no poço da cachoeira.

Astrônomo: — Ah, surge também Mira, a Maravilhosa, alcançando neste momento a curva máxima de seu ciclo de onze meses. Como se fosse ela uma outra virgem, a jorrar sobre a garotinha, entre as forças das trevas, uma fosforescência mortiça de fogo-fátuo.

Ajudante (*competitivo, ansioso por exibir conhecimentos*): — Como a projeção de uma película vampiresca de cinema ou um facho de luz sobre o espaço negro de um palco.

Astrônomo: — Algo assim. Ou como se bolhas de sabão, sopradas um dia por crianças numa brincadeira de rua, houvessem refletido e aprisionado uma historieta humana, acontecida não sei quando. Creio, meu caro jovem, que estamos diante de algo como a sonhada máquina do tempo.

Desaparece Jacira.

Ajudante: — E nós, meu caro Mestre, dentro dessa dimensão relativa, onde estamos e o que somos?

Astrônomo: — Receio que apenas um espectador e um ouvinte privilegiados, dentro de um remoto ponto de observação — quem sabe uma outra bolha? E a contemplar uma cena tão ofuscantemente bela que faria palpitar o coração entediado do próprio (*exagera na entonação*) "Fantasma da ópera".

Ajudante (*algo debochado*): — E o que especta o espectador neste novo momento?

Astrônomo: — Desaparece e reaparece seguidamente a menina, no poço da (*dubiamente*) "cascata".

Maria Altamira faz evoluções no poço como uma estrela de balé aquático.

Astrônomo (*com uma entonação de anúncio de sabonete*):

— A água acaricia-lhe o corpo e o sexo numa purificação de frescor. Transforma-se o espaço cênico num cenário de filme musi-
cal-tropicalista de (*exagera na entonação*) "Hollywood", fazendo da menina uma estrela de cinema.

Ajudante (*pedindo silêncio*): — Perdão, Mestre, mas julgo
ouvir mais alguma coisa. (*Pausa.*) O soar intermitente de uma
buzina e o ronco de um motor, ao longe, junto aos ecos de uma
canção passional (*Lindomar Castilho*). Não divisa o Mestre qualquer coisa?

Astrônomo: — Faróis, tão-somente, eis que as nuvens inter-
ceptaram as luzes das estrelas. (*Pausa.*) Faróis que varrem angus-
tiadamente a noite, como se a procurar alguém ou alguma coisa.
E que de repente se eclipsam, provavelmente atrás de um morro.

Como num eclipse, a cena se ensombrece progressivamente.

Ajudante (*auscultando atentíssimo, mas algo irônico*): — E
talvez por isso julgo agora captar o silêncio, a não ser pelo silvo
de grilos e... (*sussurrando aterradoramente*) o chiar de serpentes.

Astrônomo (*melancólico*): — Mas eis, meu caro jovem, que
também nós nos eclipsamos.

Ajudante (*também melancolicamente*): — Sim, Mestre, também nós nos eclipsamos. Como se existissem os ruídos da noite, mas não mais quem pudesse escutá-los.

Eclipsam-se o Astrônomo e o Ajudante.

Cena 6

Rodovia Belém—Brasília

Estrada Belém—Brasília, alternando-se vertiginosamente o dia e a noite, com seus ruídos de grilos, pássaros, cigarras etc. Ao volante do caminhão, o Motorista que, quando no cenário noturno, segue a estrela-guia.

Misturados ao ronco do motor, os sons (cheios de interferências) emitidos pelo rádio do veículo, em cujo pára-choque está escrito: Quanto mais meu cérebro quero lavar, mais ele se turva.

De acordo com essa trilha sonora do rádio — e com as imagens na estrada —, as reações do Motorista variam de alegria e excitação — passando por preocupação e medo — até melancolia e terror.

Criando uma ilusão de movimento do caminhão, passam por ele paisagens e figuras como:

Plantas e animais da região;

Uma prostituta "de classe", levantando ligeiramente a saia e erguendo o polegar. O Motorista, por sua vez, estende o polegar para baixo, negando a carona, eis que busca ansiosamente Maria Altamira;

Um sertanejo, lembrando Antônio das Mortes (de Glauber Rocha), a quem o Motorista, parando o caminhão, pergunta:

— Escuta, é pra lá?

— Sim, é pra lá.

Sinalizações rodoviárias estranhas e labirínticas (uma delas reproduzindo a marcação do "jogo da amarelinha");

O "Negro", passando sorrateiramente atrás de um arbusto;

Serpentes (configurando Beta de Perseu ou *Algol, o Fantasma*).

Outros signos teatrais relacionados com o espetáculo, como crianças soltando bolhas de sabão. O Motorista acena para elas;

Um ou outro veículo, de natureza estranha;

Neblina;

Casebres ou vilarejos;

A última paisagem (que se fixa no palco) é a de uma igrejinha, em cujo átrio um padre lê o catecismo para três meninas.

Cena 7

O atropelamento II

Escuta-se, por três vezes, o soar de uma buzina, lembrando o apito de um navio no meio da cerração.

No átrio da igreja, o padre, com todas as entonações de praxe (doçura, suspense, terror etc.), narra, através de um livro de catecismo, para as meninas que o escutam fascinadas, a continuação da história.

Padre: — Por três vezes fizera o Motorista soar, usando a buzina, a sua angústia. É o Motorista o legionário de uma civilização de bárbaros. Dirige a cento e vinte por hora e os faróis do seu caminhão varrem a noite em busca de uma estrela perdida.

— Calou-se o rádio atrás de um morro e escuta o Motorista os acordes interiores de uma canção infantil, que o atraem como um canto de sereias.

Ao fundo do espaço cênico, surge Maria Altamira.

Padre: — Abandonada pelo spotlight de S. Andrômeda, ergue-se a menina à beira d'água e sente medo. Sua pele emite agora apenas o brilho mortiço de um fogo-fátuo ou de uma estrela variável em agonizante declínio.

— Pega a menina a sua camisola e, depois de vesti-la, começa a galgar uma pequena trilha no meio da mata. A luminosidade dos faróis do caminhão, atrás da curva, a orienta no meio de uma vampiresca neblina.

— Escuta-se o chiar de cascavéis, apertando o cerco ao redor da menina. Põe-se ela a correr, ferindo-se nos espinhos da mata. De seu corpo, premonitoriamente, volta a esvair-se o sangue.

Umedecendo os dedos com saliva, o padre vira a página do livro.

Padre: — Completou o Motorista uma curva fechada, no exato instante em que a menina alcançou a beira da estrada. Tem o Motorista uma longa reta à sua frente e pisa ainda mais no acelerador. Buzina ele alegremente porque viu no brilho pálido de Maria Altamira a suave fosforescência de sua estrela-guia.

— Captou a menina aquele sinal e seus olhos voltam-se ofuscados na direção do veículo. E ela pensa em atravessar a estrada e fugir para casa antes da passagem do caminhão.

Começam a movimentar-se para fora de cena o Padre e as três meninas, levando o cenário da igreja.

Uma das meninas (enquanto anda): — Por quê?

Padre (pacientemente): — Porque a irmã, que se perdeu, havia fugido com um chofer de caminhão.

Outra menina: — E ela não tem medo de ser atropelada?

Padre (com um dedo nos lábios, pedindo silêncio e criando um clima de suspense): — Nesse momento em que Altamira cruza a estrada, liberta-se das nuvens *Algol, o Fantasma*, a Estrela Demônio. Seu brilho maligno paralisa a menina com uma visão.

Dissipa-se de todo a paisagem da igreja, sendo substituída pela "visão de Maria Altamira".

VISÃO DE MARIA ALTAMIRA. *Um jovem doentiamente belo a espreita através de uma janela. Devolve a menina, petrificada, esse olhar. Até que, fulminantemente, como se a janela se fechasse, produz-se dentro de Maria Altamira uma total escuridão, que ela confunde, durante uma fração milimétrica de segundo, com o rosto de um negro.*

VISÃO DO MOTORISTA: *Ofuscaram-se os olhos do Motorista diante da intensidade do brilho de Beta de Perseu. Como se um outro veículo, com os faróis altos, viesse frontalmente em sua direção.*

Cego e desorientado, o Motorista põe a mão sobre os olhos, pisa violentamente no freio e baixa os faróis.

Vê o Motorista à sua frente uma rua de Botafogo no crepúsculo. No meio dessa rua, uma menina segura uma corda, com o vestido manchado de sangue. Sem nenhum gesto de defesa, ela vai ser atingida pelo caminhão.

É o Motorista acometido pelos espasmos de uma ejaculação precoce e, desgovernado como um meteoro incandescente, o caminhão arrasta a menina para o abismo, onde irão, ela e o Motorista, crepitar numa fogueira, até que tudo se extinga num purificado vazio.

Cena 8
Rubricas II

Um pintor que arma o cavalete, e o vazio da tela, diante dele, é tão profundo que lhe provoca uma vertigem. Mas é por aí, precisamente, que o pintor começa: pelo abismo. E faz penetrar no branco de sua tela uma ave de rapina. Com ela, pode mergulhar os olhos na amplidão do espaço à sua frente: uma cadeia de pequenos morros que o pintor esboça com algumas pinceladas rudes, deixando lugar bastante para o acaso.

O pintor, que é também o Autor-Diretor do espetáculo, desenha agora um cortejo a subir uma sinuosa estradinha de terra que vai dar num cemitério, conduzindo um caixão de tábuas cor-de-rosa. Sustentando com a mão peluda e suada uma das alças dianteiras, segue o padre, pronunciando orações fúnebres em latim, enquanto sonha com um paraíso habitado por garotinhas com os cabelos da cor de campos de trigo, como os da virgem defunta.

O nome dela é Maria Altamira, o pintor bem sabe, e a veste com um vestido negro, de dama da noite, estampado com constelações prateadas e pertencente à irmã mais velha, uma garota de estrada, que veio de longe e segura a outra alça dianteira, do lado oposto ao do padre.

Usa essa irmã, por sua vez, o vestidinho de chita que trocou com a falecida na hora de prepará-la para o enterro, e que não chega a cobrir-lhe as coxas. Por isso mesmo segue logo atrás, muito solícito a segurar uma das alças traseiras do caixão, um rapaz de bigodinho que se chama Florisvaldo.

Florisvaldo fixa os olhos naquelas coxas sob o vestidinho esvoaçante, vê em Maria Imaculada — a Puta Adolescente — uma noivinha virgem, e pensa em casar-se com ela lá mesmo no cemitério.

Do lado de lá de Florisvaldo caminha o pai de Altamira, mais arrastado do que amparando o caixão. De um de seus braços pende a mulher, seca e carcomida, e sua gravidez parece uma bola na barriga. No entanto, é através da força da mulher que parecem avançar o marido e o cortejo. Suas lágrimas secaram há tanto tempo que ela mais parece uma Madona de cera numa procissão de Semana Santa. Mais atrás, em fileira, seguem duas meninas endomingadas, sendo que uma delas carrega nos braços uma criança de colo.

A uma cautelosa distância, acompanha o séquito um cachorro.

Nessa via-sacra, no alto de um pequeno monte, o pintor crava agora três grandes cruzes, dominando as lápides rasas das sepulturas. Nas imediações, instala uma estaca com uma corda e um sino, que o coveiro, mordiscando um raminho de capim, faz soar, muito espaçadamente, em badaladas que alcançam o número solene de doze, despertando as cigarras para o seu cantar vespertino.

É surdo e epiléptico o coveiro, e as pessoas o tomam por um carrasco ou a própria morte ou o demo, imagina o pintor. E há quem diga que, durante as noites, ele emite uma luminosidade fosforescente.

Na cruz do centro, o pintor acaba de pintar um jovem pálido e magro como um poeta antigo, que parece estar dormindo ou morto, com a cabeça pendida, a gola do casaco levantada até o rosto. À direita dele, o pintor sente que deve colocar, como parte desse martírio, um negro. E na outra cruz, como clímax de seu delírio, o pintor instala um homem de óculos escuros e blusão de couro, cujos olhos vidrados, alucinados, se fixam no cortejo.

Sem palavras, porque não as domina, o coveiro decifra agora, numa superposição de imagens, o séquito que se aproxima. O caixãozinho, por sua dimensão e cor, deve trazer uma menina. O pintor faz seu o olhar penetrante de surdo do coveiro e vê que sobre o caixão esvoaçam num bailado de núpcias duas borboletas amarelas. A luz do sol ofusca o pintor e o coveiro, passam eles as costas das mãos nas frontes suadas e, de repente, girassóis e campos de trigo rodopiam intensamente em suas cabeças e caem eles por terra em tremores convulsivos.

O pintor, ao acordar, desperta também o coveiro, fazendo o cão lamber-lhe o rosto. O pintor e Autor-Diretor da cena sabe que ele e o coveiro são a mesma pessoa. E a paisagem que têm diante de si, agora, está submetida à luz suave do sol poente. O cortejo já chegou lá em cima, e o pai, vestido como um espantalho, descansa com os braços abertos, de costas contra uma árvore, como se esta também fosse uma cruz, para ele feita sob medida.

À sua frente, sentada sobre o caixão, a mãe amamenta, com o olhar perdido, a criança de colo, enquanto, entre cruzes e tumbas, brincam de pegador e esconde-esconde as duas outras meninas. E uma delas se deixa quedar, de repente, estática sobre uma lápide, igual a uma escultura de anjo. Nesse exato instante, na sepultura mais afastada de todas, Florisvaldo colhe um cravo e o prende entre os cabelos de Maria Imaculada, ao que esta lhe retribui com um beijo.

Começa a escurecer rapidamente, brilha no céu *Algol, o Fantasma*, e escuta-se o chocalhar de serpentes. O cachorro foge ganindo e desaparece atrás de um barranco. Levanta-se então o coveiro e se encaminha até a cova aberta, junto da qual se encontra o caixão. Como se isso a despertasse de um sonho, ergue-se a mãe com o seio ainda de fora, para que o padre possa abrir o esquife e ministrar à defunta sua última bênção.

Correm as meninas a ajoelhar-se diante das cruzes, onde os crucificados parecem flutuar como imagens holográficas, formas voláteis perdidas no espaço e no tempo, frágeis espectros projetados não se sabe de onde ou quando.

E julga o pintor poder ouvir duas vozes infantis pronunciarem num dialeto misterioso:

Ikú rèé idágìrí.

Ijùkú Ágbé Gbá.

Aproximam-se do caixão, de mãos dadas, Florisvaldo e Maria Imaculada, quando o padre traça agora, sobre os peitinhos da virgem, por três vezes, o sinal-da-cruz. Ao pronunciar ele, pela terceira vez, o nome do Espírito Santo, dizem-se *Sim*, silenciosamente, Florisvaldo e Maria Imaculada.

Vêem nesse momento, o pintor e o coveiro, surgir nas constelações do vestido da virgem, como num bordado invisível, antes de fecharem-se o esquife e o espaço cênico da tela, uma nova estrela superbrilhante.

EPÍLOGO

Ao fundo do espaço cênico, recostado em uma árvore, no chão de terra batida, vê-se agora Buda. Buda não faz nenhum movimento para não suar abundantemente no calor tórrido do verão indiano. Insetos esvoaçam em torno da pele oleosa de Buda e produzem zumbidos semelhantes ao cântico sagrado: "Om, Om, Om". Buda está absolutamente impregnado desses zumbidos e suas gordas bochechas relaxam-se ainda mais num quase sorriso. Buda é tão gordo que suas banhas cobrem-lhe o sexo. O sexo pende inerte e, entretanto, Buda foi um grande sensual antes que o vaivém de uma cópula se lhe tornasse repetitivo e tedioso. Buda não se refreia sexualmente como algum místico cristão; apenas não mais deseja. E no entanto Buda fertiliza e é fertilizado por todo o universo, numa sensualidade espiritual. O Planeta Terra rola vertiginosamente como uma bola no espaço, carregando o gordo Buda em suas entranhas e sendo por ele carregado. Não existe apenas um, mas muitos Budas, todos imantados entre si como as partes de um sistema planetário em que os astros se equilibram por sua mútua gravitação.

Nesse mesmo instante, no meio da floresta amazônica, um pajé, também recostado em uma árvore, arranca os gomos de uma jaca e os come devagar. O pajé examina uma semente de jaca e deixa o pensamento passear agradavelmente pela tremenda força que ali está contida, para desabrochar, depois, numa árvore de grandes proporções e imensos frutos. O pajé lança a semente no meio da mata cerrada para que ali germine o acaso. Cai a noite, pássaros e macacos silenciam, a luminosidade existente vem da lua e das estrelas e, um a um, os índios da tribo se aproximam do pajé, aceitando os gomos de jaca que ele lhes oferece em comunhão. Por meio do pajé, todos se sentem unidos ao colossal Mistério e também mais seguros e protegidos. É uma sensação muito agradável estar em presença de um Buda, um pajé, como devia ser muito agradável a presença de Cristo.

Cristo, porém, traz em seu rosto, além da suavidade e da beleza que a todos encantam, a marca grave de um destino. Cristo carrega a responsabilidade de guiar o rebanho humano e isso pesa sobre seus ombros. Ao penetrar no espaço cênico, Cristo pára numa encruzilhada e olha para o sol incandescente, pedindo ao Pai, que é uma face dele próprio, que alivie a carga que pesa sobre seus ombros, como se neles já se apoiasse a cruz.

Mas a cada viagem de Cristo só faz aumentar o número daqueles que entregam seu destino nas mãos do Mestre. Carpinteiros, pescadores, doentes, vagabundos, todos se despojam de tudo para seguir Cristo como um bando de saltimbancos preparando-se para interpretar o Drama da Paixão. É um alívio libertar-se da própria carga e depositá-la nos ombros de Cristo. E segui-lo por caminhos poeirentos, montanhas, rios... até o mar, que se assemelha, em sua amplidão, à eternidade. Os discípulos de Cristo o acompanharão, se necessário, até o extremo sacrifício, porque Jesus incute neles a certeza de que haverá essa eternidade e a paz, em Deus.

Já com Buda não se passa o mesmo. O conforto que Buda espraia é o da quietude e indiferença diante do que possa acontecer a ele ou a nós. Buda nos remete a nós mesmos, ao fluir gota a gota de nossa existência. Buda não é Deus, mas o próprio homem tornando-se Deus.

Buda está encostado na árvore e contempla uma flor. Buda é frágil como a flor e, como ela, se dissipará em pétalas carregadas pelo vento. Buda destaca-se agora do corpo e paira diante de si mesmo. Buda ri, então, francamente, porque se vê engraçado e redondo como uma bola. Buda se considera levemente tolo e levemente ridículo, ali, contemplando a flor. Por enquanto não há pessoas por perto e Buda oficia para ninguém o Sermão da Flor, mas as pessoas acabarão por vir e beneficiar-se da sua prédica silenciosa. Buda está sempre parado e são os homens e acontecimentos que devem passar por ele, nesse espaço-cenário onde se movimentam esses atores e acontecimentos. Buda compõe a estátua de si mesmo, que deverá permanecer por milênios e milênios e diante da qual os fiéis depositarão grãozinhos de arroz em oferenda. Assim: gordo, plácido, ridículo, sentado, Buda.

Cristo, ao contrário, está sempre em movimento. Podemos vê-lo, agora, magro e atlético, a caminhar com suas ágeis passadas pelo espaço cênico. Cristo caminha ereto como um soldado e com ele caminha invisível o Demônio.

Avista-se agora o mar. Cristo apressa o passo como se quisesse livrar-se da companhia do Demônio e todos o seguem alegremente. Cristo e seus discípulos libertam-se das sandálias e refrescam os pés, as mãos e o rosto na água do mar, lançando respingos uns nos outros e rindo dessa pequena travessura. Cristo, de repente, não mais sorri, imobiliza-se e deixa que seus olhos se percam no azul do mar. Para esse azul vertem e revertem as águas do mundo. Cristo relaxa os músculos cansados, pois esse é um momento quase perfeito em sua vida, ele ali, no mar, com seus discípulos. Mas é desse momento em que Cristo baixa a guarda que se aproveita Satã.

Caminhando pela areia, aproxima-se de Cristo uma garota de doze anos, catando conchinhas. O vento sopra de leve, colando no corpo da menina suas vestes brancas. Cristo sai da água, olha detidamente para a garota e percebe que naquele corpo mal surgiram as primeiras formas femininas. A garotinha olha para Cristo e ela nunca viu um rosto tão sereno e bonito. Pelos olhos da menina perpassa uma primeira faísca de amor e desejo, ainda inconscientes de si mesmos, mas de uma transparência total para Cristo. E Cristo, antes que possa dar-se conta de si ou de Satã dentro de si, é atravessado por um desejo muito simples: o de levar aquela menina e tê-la como sua mulher numa casa austera de carpinteiro. Subitamente, Cristo se percebe muito cansado e carente de um corpo macio de mulher, perfumado por essências suaves do Oriente. Um corpo que dê a Cristo a certeza e o prazer de ser um homem, apenas um homem.

Cristo duvida então ser o Filho de Deus. Pelo menos, não mais do que os outros homens. Talvez aquela história toda de ser o Messias não passe de uma vontade de heroísmo e grandeza do próprio Cristo, nele incrustada por seus pais, impregnados da expectativa de libertação de todo um povo, desde Moisés. Cristo então duvida, torna-se descrente: "Não existe Deus; a criação é um acidente apocalíptico e cabe ao homem superar-se sempre, através do autoconhecimento".

Impulsionado pelo amor e pelo desejo, Cristo acaba de ter um *insight* psicanalítico e, nesse instante — apenas por um breve instante —, torna-se como Buda após o seu *satori*. O momento em que um homem, compreendendo todas as suas origens, desde o grande útero primeiro, torna-se íntegro e uno com o princípio e o fim circulares de todas as coisas. Cristo não quer ser Deus, e sim uma pequena gota na torrente contínua. E tal conhecimento permite a Cristo, mais do que por ser um profeta ou o Messias, surpreendentes antecipações alucinatórias.

Instaura-se, então, dentro do espaço cênico, outro espaço, que são as associações e as imagens que atravessam fulminantemente o cérebro de Cristo. Cristo deita-se na areia para melhor apreender essas imagens que são, a princípio, as de uma arena romana onde pulula repelentemente nas arquibancadas a plebe ignara e cruel. No centro da arena abrasada pelo sol, leões despedaçam as carnes dos seguidores de Cristo. É terrível o contraste da luz dourada do sol com o vermelho do sangue dos cristãos. Um contraste que faz aflorar à sensibilidade toda a dor da vida. Cristo treme diante do flagelo que para ele está reservado nas profecias. E se pergunta se valerá a pena prosseguir diante do martírio que o aguarda e a seus seguidores. "Por quê, meu Pai, tirará o homem prazer da dor de seu semelhante?"

Mas, por uma superposição compensatória de imagens, logo se instaura na mente de Cristo a visão de catacumbas onde seus seguidores, na clandestinidade, entoam fervorosos cânticos de louvor a ele, Jesus Cristo. Ali, nas catacumbas, começam a estremecer os alicerces do Império Romano, corroído não de fora, mas do interior, como um câncer. E a próxima visão de Cristo é a de seus adeptos emergindo das catacumbas para surgirem como espectros famintos por todas as vielas de Roma, dirigindo-se a um imponente palácio de mármore. Os adeptos de Cristo, para surpresa deste, não são interceptados pelos soldados, que, ao contrário, se perfilam diante dos cristãos em seu jubiloso assalto aos corredores e escadarias do palácio. E lá, ao fundo, na sala do trono, saudado pelo soar de clarins, e trombetas, encontra-se não a pessoa de César, mas a do Papa, descendente de Pedro. Cristo se espanta com o fato de que Pedro, na pessoa de seu sucessor, já não se vista com os trajes modestos de um pescador, mas com um manto de ouro e púrpura, enquanto segura um cetro real. Cristo percebe que Pedro progrediu muito na vida desde os tempos de Jerusalém e que em seus olhos não brilha mais a antiga fagulha de fé.

Inadvertidamente Cristo adormecera na praia e isso que se passou foi um sonho. Ao seu lado, ainda se encontra brincando a garota. Sorrateiro, carregando com alguma dificuldade uma poltrona aveludada, penetra no espaço cênico um homem de barba branca, vestido com um terno que estará na moda mil e novecentos anos depois de Cristo. Esse homem é Sigmund Freud, também um judeu, e que se destina a ser quase tão importante quanto Cristo. Freud deposita a poltrona ao lado da menina e de Cristo adormecido. E ninguém se dá conta do recém-chegado, como se pertencessem a épocas e cenários distantes uns dos outros no espaço e no tempo. Freud senta-se na poltrona, cruza as pernas e sussurra para Cristo, numa voz hipnótica e envolvente, que deixe fluir com liberdade as imagens do seu inconsciente. Depois retira do bolso um bloquinho e um lápis e põe-se a anotar o universo onírico de Cristo.

Nesse universo, Cristo vê agora a mesma garotinha da praia, só que ela não mais se encontra na praia, e sim num cemitério quase às escuras, repleto de cruzes em homenagem a Cristo. A túnica aberta da menina deixa entrever lindos e diminutos seios, de tal modo brancos que é deles que jorra a luz a alumiar a cena. Num impulso irresistível, Cristo estende a mão para tocar os seios de *Jacira*, não por uma bestial luxúria, mas por uma reconciliação súbita com a beleza da Criação. Antes que possa tocar, entretanto, aqueles frutos divinos, escuta-se um trovão e forma-se no céu, nos contornos evanescentes de uma nuvem, a imagem de Deus, que tem o rosto quase idêntico ao de José, pai terreno de Jesus Cristo. Deus, na pessoa de são José — anota Sigmund Freud —, é o superego de Jesus Cristo, e é por essa fresta que se introduz, na inocência, a culpa.

Numa coerência absoluta com essa culpa, Cristo vê surgirem de detrás dos túmulos homens vestidos com sinistras batinas negras enfeitadas de roxo. Acompanham-nos jovens acólitos de branco e preto a entoar cânticos lúgubres, enquanto balançam de um lado para outro turíbulos onde queima o incenso.

Amedrontada, *Jacira* se lança nos braços de Cristo, mas, antes que possa alcançá-los, aquele que parece ser o chefe do grupo, um bispo, interpõe-se entre o Mestre e a menina. Espraiando um hálito azedo de padre de confessionário, sussurra:

— Não vê que é uma feiticeira e que o Demônio a possui?

Arrastam então os inquisidores a menina para longe de Cristo e põem-se a amarrá-la numa estaca entre achas de lenha. Cristo quer abrir a boca para dizer que não, "que não foi para que seus discípulos se transformassem em cardeais palacianos e bispos inquisidores que ele terá morrido na cruz e seus seguidores foram despedaçados por feras". A voz de Cristo, porém, recusa-se a emitir uma linguagem articulada e, nesse instante, os padres com tochas acendem a fogueira e a garota começa a se debater e a gritar por socorro.

Cristo acorda banhado em suor e gritando:

— Não... não... não!

Sigmund Freud, como se ironicamente também não passasse de um sonho, há muito já se volatilizou do espaço cênico, onde Cristo desperta aliviado por ver a mesma praia, sob o céu azul, onde dormiu. E onde os seus discípulos o cercam para indagar se está tudo bem.

— Tudo bem — responde Ele, mas logo depois seu olhar depara com a menina do sonho e, aterrorizado, exclama: — *Vade retro*, Satanás!

A garota devolve a Cristo um sorriso puro de dentes branquíssimos e é esse sorriso que exorciza de verdade o Demônio, que pode ser visto, num relance, a afastar-se de Cristo na forma

149

de uma velha beata e corcunda que sai de cena resmungando, com o rosto escondido por um xale. Cristo percebe, nesse momento, que o Demônio era uma presença dentro dele próprio e não da garota. Cristo agora se acha preparado para, em algum lugar, encontrar e entender Maria Madalena, a mulher, tornando-se assim um dos primeiros feministas do mundo. Nesse momento histórico, o corpo da mulher deixa de ser o pecado e a impureza nele projetados pelo homem para transformar-se em alegria.

Cristo levanta-se e diz a todos: — Vamos!

— Vamos — respondem os discípulos.

E caminham em direção a uma aldeia próxima, deixando para trás, cada vez mais longe, na praia, como um diminuto ponto no horizonte, a garota que acena para Jesus Cristo.

Cristo vira-se, concede-lhe um último aceno, agradecido, e segue em frente.

Já com Buda não pode haver ameaça do Demônio, pois ele próprio é, simultaneamente, Deus e o Demônio. Não lutando contra ou a favor de um ou de outro, Buda permite que os dois opostos dentro de si estejam conciliados e não em conflito.

Maomé e seus seguidores, ao contrário, combaterão pelos tempos afora o Mal e o Demônio, como se fosse possível aniquilá-los um dia. No Corão busca Maomé, através da certeza, a morte de toda a angústia. Sem dar-se conta de que o Mal e o Demônio se encravam dentro dele mesmo e que, para destruí-los, deveria degolar a própria cabeça e não as dos infiéis. Maomé e seus discípulos jamais beberão uma gota de vinho, porque esse vinho soltaria o Demônio tão sufocado dentro deles e os deixaria enlouquecidos. Existe algo à beira da possessão demoníaca no Islã. Como se o Fundador fosse um dos anjos aliados de Lúcifer que no último momento se houvesse contido. Esse anjo se embevecera com a arrogância de Lúcifer e sua beleza feminina, mas teve medo de Deus e do castigo. E também de um desejo seu, inexplicável e tido como terrível: o desejo da treva total que há dentro de um regaço feminino antes de um homem haver nascido. Mandou então que se cobrisse a beleza feminina e a rotulou para sempre como impura. Enquanto eles próprios, os homens muçulmanos, estarão condenados a cavalgar loucamente pelos tempos afora, brandindo a espada contra os infiéis. Fugindo, talvez, no eco das patas de seus cavalos, da parte de seu corpo e alma que é mulher.

É desses cavalos, possivelmente, o tropel que, desde longe, ecoa no espaço cênico. Ou talvez o eco de corcéis brancos cavalgados por amazonas que um dia cruzarão entre o tinir de espadas e gritos arrepiantes com os homens do Islã. Junto com elas cavalga, possivelmente, uma meninazinha. E será somente quando essas mulheres dobrarem a seus pés os homens do Islã, que estes gozarão da paz sensual de escravos vencidos habitando os festins de um reino absolutamente pagão e carnal, dominado pela Grande Mãe Fêmea, a Fêmea Misteriosa.

Também diante de Buda, agora, no espaço cênico, passam guerreiros. São guerreiros chineses e dirigem-se a derrubar uma dinastia. Vêem Buda, a princípio, com o desprezo com que o forte examina o fraco. Por puro tédio, ou crueldade, um daqueles guerreiros aproxima-se de Buda, desembainha a espada e pensa em atravessar com ela as carnes flácidas de Buda. Buda, que sabe ler a alma de um homem, pressente o perigo, mas se limita a cheirar uma flor e, nesse instante limítrofe da morte, descobre novas sutilezas na fragrância da flor. Pois é a possibilidade de morrer que faz Buda tornar-se ainda mais atento, embora sem intencionalidade, a seus sentidos. E ele sorri para essa nova oportunidade de penetrar no âmago da vida. Buda sopra a flor e suas pétalas voam ao vento. Buda sabe que nenhum homem é tão forte que não se defronte um dia com algo mais forte do que ele. E, como as pétalas de uma flor, às vezes a maior força de um homem é deixar-se ir, carregado pelo vento.

O guerreiro chinês dá uma gargalhada, porque captou num relance a mensagem de Buda. Ele e seus companheiros, agora, estarão carregando Buda consigo para a China e o Japão e, sendo guerreiros, serão como uma revitalização de Buda. Atravessarão impiedosos os inimigos com as armas e, ainda assim, serão como Buda. Buda é todos os homens e assim passa por todas as provações e sentimentos deste mundo; deve sentir-se como o vencedor e como o vencido. Deve descer aos infernos, como Cristo em suas dúvidas, e ser o espectador ou o participante de acontecimentos tão terríveis quanto o de uma criança que perdeu os pais e mutilou-se numa guerra que não é sua. E que permanece ali, à margem, desamparada e sem nenhuma probabilidade de ter esperança. Mas é também nesse terreno que pode germinar a paz, o Nirvana, de Buda. Antes, porém, sentirá o gordo Mestre, diante de tal espetáculo, o desespero e a revolta contra o Poder Supremo. Até que, por exaustão, conheça que não há Poder Supremo a dirigir o Grande Espetáculo e que Deus — ele próprio, Buda — é apenas o fluir assim, eterno, daquilo que é comparado a um rio.

O Tao é esse rio, esse espetáculo. Um rio que ora corre límpido entre margens verdejantes, ora se tinge de carcaças e de sangue. Sem nenhum esforço, o corpo gordo de Buda desce flutuando, como uma garrafa mensageira, o rio. Impregnados de Buda, guerreiros samurais farão de cada gesto de guerra um ato íntegro e total, visando não exclusivamente à vitória, mas à perfeição do próprio gesto. Um gesto que tanto pode ser o da guerra quanto o do ato pacífico de erguer uma cabana e acender o fogo para cozinhar os alimentos.

E eis que um guerreiro se afasta da batalha carregando dentro de si Buda. Buda será agora um camponês andrajoso, percorrendo os povoados com uma tigela na mão, mendigando arroz. Buda nunca foi tão fraco e despojado e nunca foi tão alegre. Ou será ele como uma mulher, fazendo arranjos florais e servindo com gestos lentos o chá a seu homem. Buda, então, torna-se ainda mais próximo da Mulher do que Cristo, porque é ele mesmo mulher. Dança suavemente como Kazuo Ono, canta com fina voz uma canção que penetra cristalinamente no espaço cênico como um regato nos jardins de uma casa onde as pedras foram dispostas de modo a propiciar essa melodia que apazigua o corpo e a mente de um homem. E porque esse homem guerreiro fatigou-se até o último limite do seu corpo, o corpo da mulher se torna como um bálsamo aplicado a um ferimento. E o feminino da mulher aos poucos impregna o guerreiro.

No fundo do palco, Buda é novamente o homem lasso e gordo. Ele é o guerreiro e a mulher do guerreiro. Buda é agora como uma gueixa fazendo do servir e do amor uma arte de gestos medidos. E ao mesmo tempo Buda é o homem que recebe essa oferenda. Uma nova espécie de homem que, possuindo, está sendo possuído. Na cópula silenciosa e hermafrodita de Buda é gerado, agora, um bebê-fêmea, embrião de uma nova estirpe de mulheres. No pendular movimento das coisas, haverá o tempo em que essas novas mulheres-amazonas cavalgarão os homens, que se dobrarão diante delas e, como muçulmanos vencidos, se sensibilizarão na sensualidade dos passivos, dos lassos e dos prenhes, como Buda. Nesse instante em que o estamos vendo e descrevendo, Buda é um orgasmo hermafrodita, atingindo o Nirvana para desaparecer diante dos nossos olhos, interrompendo seu ciclo de reencarnações.

Já Cristo é sempre tido como másculo e ativo, com sua sensualidade sublimada através do trabalho, da oração, do amor platônico que abarca todos. Cristo é um carpinteiro e quando acaba de tornear uma mesa está completamente realizado. Cristo é como um poeta que terminasse de escrever um pequeno poema e considerasse conquistado, por aquele dia, seu quinhão de vida. Cristo então vai dormir e desfruta do seu corpo deliciosamente fatigado. Seria capaz de possuir mil virgens, mas não é necessário fazê-lo e, Deus preferido das mulheres, sua presença habitará as celas de freiras solitárias pelos tempos afora, que se entregarão inteiramente a seu amor absoluto.

Entre Cristo e as mulheres haverá sempre a atração e o amor perenes, porque, sabiamente, nunca materializado. Cristo chega agora à aldeia de pescadores e é saudado com a alegria com que se recebe um parente ou amigo próximo que há muito se aguarda, embora nunca o tenham visto.

Cristo entra numa casa qualquer, ao acaso, e logo dizem a Ele para sentar-se, enquanto as mulheres buscam uma bacia e vêm lavar os pés do Senhor. E depois servem a Ele pão, peixe e um copo de vinho. Na boca de Cristo, a comida apresenta seu gosto absoluto, porque vem ao encontro de um paladar purificado na temperança, capaz de sentir no alimento um gosto integralmente igual a esse alimento. O peixe nunca foi tão peixe, recendendo a maresia; o pão, pão e, no vinho, podem-se rastrear os cachos de uva de onde ele proveio.

— Está delicioso — comenta Cristo.

— Aceita mais um pouco, Mestre? — apressam-se a oferecer os donos da casa, pois embora pobres têm fé no milagre da multiplicação dos peixes, do pão e do vinho.

— Não, obrigado, estou satisfeito — diz o Mestre.

Pois essa é a voluptuosidade de Cristo, repousada na medida certa e não no excesso. Nessa contenção, Cristo prepara seu corpo para a dor, o grande êxtase da Cruz, quando sua carne ainda humana estiver à beira de ultrapassar o seu limite. Para só depois, então, não restar nenhuma hipótese possível de sofrimento. E por isso mesmo Cristo será sempre uma presença junto àqueles que sofrem, flagelados nas batalhas, no cárcere ou no leito. E os seres humanos — muitos deles — conseguirão amar e identificar-se com esse Deus, pois não poderão acusá-lo de tirânico e cruel, uma vez que Ele se fez homem e partilhou, até o fundo, incluindo o desespero, o seu sofrimento.

Expirará então Cristo na Cruz, como um crepúsculo no espaço cênico. Mas, em vez de sobrevir a quietude, o céu trovejará entre raios terríveis e o vento uivará sobre um imaginário monte das Oliveiras. Enquanto algures, sabe-se, rui o Templo e estremece o Império. E, de repente, estará tudo tão silencioso e vazio como numa grande produção cinematográfica quando se projeta sobre a tela a palavra FIM.

Depois desse fim, porém, sobrevirão a cada noite uma nova representação e um novo princípio. Sob os braços abertos de Cristo nas cruzes, clareia então tênue, quase imperceptivelmente, como um rastro luminoso na mais densa treva, o Caos que antecede ao Verbo...

Os ditos em *nagô* foram colhidos no livro *Os nagô e a morte*, de Juana Elbein dos Santos, publicado pela Editora Vozes. Agradecimentos.

"Desespero agradável", subtítulo da Cena 3 (Primeiro Ato), é de uma composição de Erik Satie.

ESTA OBRA FOI COMPOSTA PELO GRUPO DE CRIAÇÃO EM ELECTRA
E IMPRESSA PELA PROL GRÁFICA EDITORA EM OFSETE SOBRE
PAPEL PÓLEN SOFT DA SUZANO BAHIA SUL PARA
A EDITORA SCHWARCZ EM AGOSTO DE 2005